AF367122

AutoDefensa Noviolenta

(#ADNcat)

en 100 missatges i una història increïble

MONTABER

AutoDefensa Noviolenta

(#ADNcat)

en 100 missatges i una història increïble

Martí Olivella i Solé

Publicat el 30 de gener de 2023, en la commemoració
del 75è aniversari de l'assassinat de M. Gandhi

MONTABER

Col·lecció: Crítica y ensayo
Director: David Soler

AutoDefensa Noviolenta (#ADNcat)
en 100 missatges i una història increïble
1a edició, gener 2023

© 2023, Martí Olivella Solé
© Il·ustracions, Joan Lluch, objector i dibuixant
© d'aquesta edició, ICG Marge, SL

Edita: Montaber – Marge Books
Brutau, 160, 1er D – 08203 Sabadell (Barcelona)
Tel. 931 429 486 – montaber@montaber.es
www.montaber.es

Edició: Mercedes Lara
Impressió: Prodigitalk, SL (Martorell, Barcelona)

ISBN edició impresa: 978-84-19109-37-8
ISBN edició digital: 978-84-19109-38-5
Dipòsit Legal: B 2409-2023

 El paper emprat en aquest llibre no ha estat blanquejat amb clor elemental (Cl_2).

"*Satyagraha* és, en sentit literal, l'adhesió a la veritat i significa, per extensió, la força de la veritat (...) i exclou l'ús de la violència, doncs l'home és incapaç de conèixer la veritat absoluta i, per tant, no té la competència de castigar."

M. GANDHI, 1921.

Aquesta edició ha estat possible gràcies les persones que han fet objecció fiscal el 2022 i han destinat les seves aportacions al projecte Defensa Civil Noviolenta. Els ingressos nets provinents de la distribució del llibre també aniran destinats a continuar aquest projecte.

Formats

Aquest text es presenta en diversos formats:

Telegram, des del 3 de desembre de 2022, publicació diària de 500 caràcters en un canal i amb possibilitats de fer comentaris; amb enllaços clau a llibres, campanyes, webs...

Mastodont.cat, en el compte https://mastodont.cat/@adn de 500 caràcters (igual que Telegram).

Format web, en el bloc https://aturemlesguerres.cat/adn-autodefensa-noviolenta/

Format llibre electrònic, en PDF i e.reader.

Format paper, el text i un resum dels continguts dels enllaços a webs, campanyes, llibres... amb il·lustracions que acompanyen les diferents parts del llibre.

L'autor

Martí Olivella i Solé (Barcelona, 1955) fou membre del primer grup d'objectors al servei militar (1975-1977) on aprengué en la pràctica els elements clau de la lluita noviolenta, juntament amb Pepe Beunza. Estigué cinc mesos empresonat al castell de Sant Ferran (Figueres). El moviment d'objectors aconseguí el reconeixement del dret a l'objecció al servei militar en la nova constitució del 1977. I, gràcies a un milió d'objectors i 50.000 insubmisos, el 2001 s'acabà amb el servei militar obligatori, com a primer pas per un món sense exèrcits ni guerres.

Ara bé, com que part de les causes de les guerres són degudes al sistema polític i econòmic, s'interessà, gràcies a Lluís Ma Xirinacs, en l'elaboració de models alternatius de societat a l'entorn d'Agustí Chalaux, en el Centre d'Estudis Joan Bardina i, més tard, a Ecoconcern-Innovació Social. Fou en l'associació Nova-Innovació Social on reprengué les propostes d'alternatives als exèrcits: amb les Marxes per la Cultura de la Pau, amb el conte *El *planeta del foc*, amb el projecte Castell per la Pau i amb els projectes de suport als moviments noviolents d'Iraq, Palestina, Líban... Des de NOVACT (Institut Internacional per la Noviolència Activa), aquest suport s'ha estès als moviments noviolents de la riba sud de la Mediterrània.

Arran de l'inici del procés cap a la independència de Catalunya, ha estat oferint formació des d'En Peu de Pau i, posteriorment, des de www.lluitanoviolenta.cat. Ha participat activament en el col·lectiu Pau i Treva i el Seminari Estat de Pau, promovent la publicació per part de l'Institut Català Internacional per la Pau (ICIP) de diverses obres de referència sobre alternatives als exèrcits: *Construir un estat segur i en pau, La Defensa Civil Noviolenta* (Gene Sharp), *Serveis Civils de Pau* (Ruben Campos) o *El Antigolpe* (Gonzalo Arias).

Contingut

Pròleg coral

Agraeixo els amics i amigues **Pepe Beunza, Llúcia Oliva, Xavier Masllorens, Thais Bonilla** i **Raül Romeva** els comentaris que adjunto a mode de pròleg coral.

Desarmament, ja¡¡¡

Pepe Beunza Vázquez
Condemnat en dos consells de guerra

Al meu primer Consell de Guerra vaig intentar explicar, encara que no em van deixar, que des que Caín va matar Abel amb una maixella d'ase, segons explica la Bíblia, fins a la bomba atòmica i les modernes armes químiques i biològiques hi ha una evolució negativa de la humanitat en què no volia participar i, per això, em declarava objector de consciència al servei militar. Més de cinquanta anys després seguim amb el mateix tema com a predicadors en el desert, atesa la situació actual, amb victòries molt petites encara que en aquests temes totes són importants.

Un alt oficial militar rus explicava a la televisió que tenim bombes acumulades per destruir més de mil vegades tot rastre de vida sobre la terra i un militar americà ensenyava orgullós un míssil amb la capacitat destructiva del 60% de totes les bombes llançades a la segona guerra mundial.

En aquesta situació, no es pot entendre que el desarmament no figuri com a proposta prioritària a l'agenda de polítics, filòsofs, religiosos, economistes o qualsevol persona que es cregui una mica assenyada, inclosos militars, que saben que no ens poden defensar quan exploti el polvorí.

Per això és tan important aquest llibre. El parany de la legitima defensa ha convertit aquest principi en excusa per al gran negoci del complex polític militar industrial i, quan organitzen una guerra com la d'Ucraïna, tots els polítics occidentals es converteixen en guerrers omplint les arques dels fabricants d'armes, petrolieres i amiguets. Si ho gastem tot en exèrcit, les guerres són inevitables.

Tenim el dret i el deure de defensar-nos d'una invasió o injustícia, però ho hem de fer amb intel·ligència, eficàcia i ètica. Les guerres són un crim contra la humanitat. De sobres ho sabem. Per això, aprendre a defensar-nos com explica aquest llibre, és un camí per a la supervivència de l'espècie humana. Putin ho va dir ben clar, si prem el botó nuclear tot s'acabarà. L'Autodefensa Noviolenta ens pot deslliurar d'aquest mal somni. De moment seguim vius de miracle. Cal aprofitar-ho.

La pau és a les nostres mans

Llúcia Oliva

Periodista, ex corresponsal a Washington i Moscou

La meva mare té 97 anys i quan sent udolar un gos encara s'esgarrifa perquè li recorda la guerra espanyola de 1936-39 que va viure quan era petita. Va patir primer la reraguarda i després el front i tot ho ha guardat al seu cor adolorit durant quasi un segle.

El seu pare a la presó, la gana que va passar, els assassinats presenciats, els bombardejos dels que es va haver de protegir amb dotze anys, la por que violessin a la seva germana gran, la impotència de veure agonitzar el seu padrí sense ajut mèdic, la desolació davant les cues de refugiats esporuguits que nit i dia fugien al final de la guerra, la metralladora que els soldats van instal·lar a les golfes de casa seva que feia trontollar parets i caure els sostres, els darrers resistents, nois joveníssims rebentats per les bales i estesos sobre els camps. I després, l'odi entre els antics enemics de guerra...

La meva mare no ha oblidat res d'això, però també recorda el veí que s'esmunyia pel bosc a la nit per portar-li una mica de menjar; la veïna que la va acompanyar a rescatar al seu pare de la presó; l'amiga que la va ajudar a protegir-se de les bombes que queien sobre la platja de la Barceloneta. Petits gestos de solidaritat i d'afecte enmig d'aquell infern!.

Una guerra mai s'acaba quan s'acaben els combats i les seves conseqüències físiques i psíquiques marquen per sempre les persones que l'han viscuda i fins i tot els seus descendents. La mare ens va ensenyar a no llençar mai ni un bocí de pa, però també que les guerres no resolen els conflictes, que el dolor que provoquen és més gran que la victòria d'uns sobre els altres.

Heus aquí l'origen del meu desig que la pau i l'acord s'imposessin quan de periodista cobria un conflicte, qualsevol conflicte. D'aquí la meva convicció de que els periodistes ens hem de comprometre amb la pau, com ho estem amb les llibertats, els drets humans i contra la violència masclista.

Quan era corresponsal a Moscou, en temps de Mikhail Gorbatxev, vaig ser testimoni de com es va perdre l'oportunitat de tenir un món millor i més pacífic. El llavors màxim dirigent soviètic va proposar als altres líders mundials de resoldre els conflictes amb la cooperació internacional. Malauradament, li mancà poder per imposar la idea i els caps de les altres potències no en van fer cas.

Així doncs, la feina d'aconseguir un món millor i més pacífic queda en mans de la ciutadania. Com diu aquest incansable pacifista, Martí Olivella, si l'opressió i la injustícia es mantenen és perquè nosaltres hi col·laborem. Per això, en el seu llibre AutoDefensa Noviolenta, Olivella dona eines a la gent perquè, en cas de conflicte, pugui mantenir la dignitat i treballar per la pau de manera que fer la guerra no surti a compte als que l'han provocada.

Una utopia inèdita però no impossible

Xavier Masllorens i Escubós

President de l'Institut Català Internacional per la Pau (ICIP)

L'actuació noviolenta té molt poca propaganda. Efectivament, l'acció de resistència –o de desobediència– noviolenta, violenta especialment els nuclis de poder de totes les societats, siguin democràtiques, autoritàries o dictatorials. Tot i tractar-se d'actuacions profundament respectuoses amb l'*estatu quo* (accepten el càstig de les lleis que precisament volen canviar o derogar) incomoden profundament per la seva pròpia naturalesa de negació d'allò que consideren injust.

L'Estat espanyol no n'és una excepció, malgrat que fins i tot el Tribunal Suprem va admetre fa vint anys que l'acció de desobediència civil noviolenta és una forma legal de manifestació i d'oposició. Tenim, a més, exemples d'èxit d'aquestes accions, quan es transformen en estratègies pensades i dutes a terme de forma col·lectiva i coordinada. Potser els exemples més recents els tenim en l'objecció al servei militar obligatori i en la insubmissió a la prestació civil substitutòria d'aquell servei militar.

Però aquest llibre va més enllà. Si tot això provoca urticària als aparells dels estats, imaginem la torbació que ha de provocar –fins i tot en una bona part de la ciutadania– una proposta alternativa de seguretat que no passa pels exèrcits, la coacció i l'armamentisme, sinó per un cos potent i organitzat de defensa civil noviolenta.

En les pàgines següents es presenten –en forma de petites píndoles– informacions i propostes encaminades a albirar la creació d'unes forces d'AutoDefensa Noviolenta, en un nou paradigma de seguretat. Una utopia inèdita però no impossible, contrària al model secular promogut pels estats d'una defensa armada que provoca cada vegada més inseguretat. Trobareu una bona eina per somiar que la humanitat pot resoldre els conflictes d'una forma diferent, cooperativa i solidària si es prepara a consciència i guanya l'opinió pública. I també trobareu elements de pensament per preparar-se individualment i col·lectiva. Perquè, com llegireu, "quan una guerra esclata ja és massa tard per organitzar una defensa civil noviolenta".

Allò que desconeixem, ens resulta impossible

Thais Bonilla Martínez

Responsable a Novact del suport a defensores de drets humans
i membre del Consell assessor de l'Escola Guillem Agulló

Allò que desconeixem, ens resulta impossible. Per aquesta raó, la difusió i l'ensenyament dels principis i l'estratègia de la noviolència han estat des de sempre un objectiu prioritari de Martí Olivella, així com d'altres persones convençudes que existeix un camí sense armes, exèrcits de guerra ni violència.

L'autodefensa noviolenta és una potència transformadora que no només és eina defensiva, de resistència i una via de resolució d'injustícies. Funciona com a disparador d'una alternativa, més equitativa i per a totes, al món que habitem: genera sentit comunitari, incideix en reduir els desequilibris socials, aprofundeix en les causes de les opressions i amplifica el poder popular.

En els temps actuals, la informació flueix amb rapidesa. Missatges curts i directes que ho diguin tot. En adaptació a aquest món de xarxes socials i plataformes digitals, la present publicació desglossa minuciosament tot el que hi ha darrere d'un sistema civil de defensa noviolenta en 100 missatges curts, elaborats en alguns casos com pregunta-resposta i una història a mode de ficció narrativa. S'apropa, oferint diversos recursos de consulta, als reptes, les realitats, les conseqüències i la necessària preparació personal i social d'aquesta aposta. "En el cas de la defensa civil, tota la societat esdevé una força de lluita noviolenta", es diu.

A més, dona exemples. Ens mostra aquelles pràctiques que ho han fet possible, però que han quedat esborrades de la Història perquè no serveixin de somni d'allò diferent. Perquè no siguin esperança. L'escrit ens parla de la Txecoslovàquia del 1968, la Dinamarca de la Segona Guerra Mundial, la Lituània del 1991 i el 2015, l'experiència de la Guàrdia indígena del Cauca a Colòmbia des dels anys 2000 o les apostes de l'Índia de Gandhi el 1922.

I ara, ens deixa el repte: "En temps de pau és quan cal preparar-se i organitzar-se".

Estem disposades a *cooperar per afrontar reptes increïbles?*

Sí, és possible

Raül Romeva i Rueda

Economista, doctor en Relacions Internacionals,
doctor en Ciències de l'Educació i l'Esport

És possible respondre la violència amb la noviolència? La resposta a aquesta pregunta és sí, sens dubte. D'exemples en tenim moltíssims, de tota mena i condició.

Si algú no ho té clar, li recomano que llegeixi les nombroses aportacions de qui està considerat com un dels màxims exponents de l'estratègia de la noviolència: Gene Sharp, professor a Massachusetts i Harvard i fundador de l'Albert Einstein Institution.

A *La defensa civil no violenta*, llibre editat per l'Institut Català Internacional per la Pau l'any 2018, Sharp desenvolupa dues tesis. D'una banda, que es poden desenvolupar polítiques i mètodes civils de defensa civil noviolenta contra cops d'estat interns i agressions externes, i, de l'altra, que es poden evitar dictadures i opressions amb la capacitat d'oposar una lluita noviolenta enèrgica i eficaç.

En el pròleg de l'esmentat llibre, Martí Olivella ressalta que en els països bàltics –Lituània, Letònia i Estònia– van declarar la independència el 1990 i van haver d'afrontar el gener de 1991 un intent d'agressió per part de les autoritats soviètiques, que volien recuperar-ne el control. Durant aquesta crisi, els tres governs van dependre en gran mesura dels mètodes de resistència noviolenta que havien après dels escrits de Gene Sharp.

El ministre de Defensa de Lituània, Andreus Butkevicius, el 1991 deia: «Mai no tindrem un exèrcit prou fort per defensar-nos d'un agressor estranger. El nostre objectiu només pot ser el de derrotar-lo moralment, econòmicament i políticament, no físicament». I esmentant el llibre de Gene Sharp, proclamà: «Prefereixo tenir aquest llibre que una bomba atòmica».

Per tot això, considero que es tracta d'un document altament valuós per afrontar els temps convulsos que vivim, i que ajuda molt, amb eines i arguments, a bastir tot un moviment pacífic i democràtic, tal com ja s'està fent gràcies a iniciatives ben significatives.

A banda del ja esmentat treball de Gene Sharp, goso també recomanar un altre llibre de gran vigència i solvència contrastada; sens dubte, un dels millors materials que avui tenim a disposició. Parlo de *Cómo hacer la revolución*, de Srdja Popovic.

Popovic proposa que l'acció ha de seguir, sobretot, tres passos ben lògics. Primer pas: predica la noviolència dins del moviment. Segon pas: forma els companys i companyes activistes perquè sàpiguen reconèixer les possibles fonts de fricció. I tercer pas: per tal d'apuntalar el moviment contra les temptacions del dimoni de la violència, cal defensar-lo dels provocadors que, inevitablement, intentaran colar-se a la festa.

Tots tres passos són perfectament aplicables al nostre cas. De fet, reivindico que així sigui i em comprometo a ser-ne jo mateix practicant i altaveu.

El text que Martí Olivella ens proposa ara, en forma de relats curts, gairebé aforismes, s'emmarca en aquesta tradició, i ens apunta un camí tant necessari com útil.

I és que l'aposta que fem per la noviolència no respon només a una qüestió de principis, sinó també a motius més pragmàtics.

A *Why Civil Resistance Works: the Strategic Logic of NonViolent Conflict,* Erica Chenoweth i Maria J. Stephan estudien tots els conflictes entre el 1900 i el 2006, 323 en total. El resultat és clar: pren les armes i tens un 26% de possibilitats de triomfar; practica els principis de la noviolència i el percentatge augmenta fins al 53%.

Si no creus en els principis, confia almenys en l'estadística.

Introducció

Posar les bases d'un **sistema civil de defensa noviolenta** és un dels principals objectius del compromís de la campanya www.aturemlesguerres.cat, iniciada el 2 de novembre de 2022. Esperem que aquests missatges, i el diàleg que suscitin, ens ajudin a imaginar com el podem organitzar. Esteu convidats a fer comentaris, posar exemples, plantejar dubtes i suggerir imatges il·lustratives. Comencem! #ADNcat

Campanya Aturem les guerres

Des del 2 de novembre de 2022 ens estem aplegant cada dia, un o més dies a la setmana... més de 350 persones en 12 ciutats, davant d'ajuntaments (Barcelona, Girona, Sabadell, Terrassa, Banyoles, Sentmenat, Oliana, Figueres, Gràcia BCN, Manresa...) en places (Vilanova i la Geltrú), davant la Delegació d'Hisenda

www.aturemlesguerres.cat

(Lleida) i davant les dues delegacions del Ministeri de la Guerra (Barcelona i Tarragona), tot presentant peticions de mocions a favor de la Iniciativa per la Pau.

Com organitzar l'AutoDefensa Noviolenta en 100 missatges i una història increïble

Aquest llibre està escrit en forma de missatges breus. Mentre preparem l'edició, el publiquem al canal i al grup https://t.me/ADN_AutoDefensaNoviolenta de Telegram. També el publiquem a Mastodon https://mastodont.cat/@adn amb l'etiqueta #ADNcat com alternativa a Twitter, que no volem emprar com a acte de boicot a aquestes xarxes i en especial a les polítiques fatxendes del seu nou propietari.

Com es veurà al llarg del text, AutoDefensa Noviolenta (ADN) és un nou concepte que s'empra al llarg del llibre per referir-nos de forma abreujada tant a un sistema civil de defensa noviolenta com a la seva concreció en una organització que permeti començar a construir-lo ara i aquí, proposta exposada especialment en la 3a part del llibre.

Per a més informació, fer comentaris o oferir col·laboracions: info@lluitanoviolenta.cat.

https://lluitanoviolenta.cat/projecte-defensa-noviolenta

https://aturemlesguerres.cat/adn-autodefensa-noviolenta/

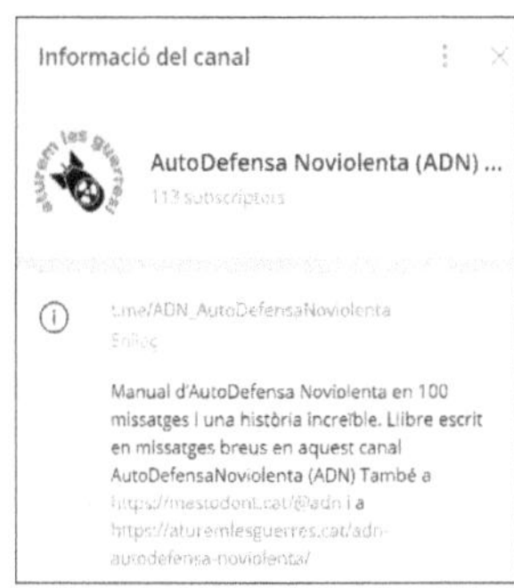

https://t.me/ADN_
AutoDefensaNoviolenta

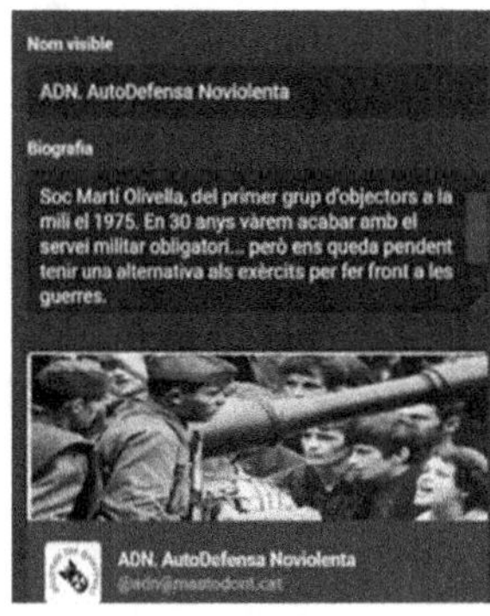

https://mastodont.cat/@adn

1a part

PREGUNTES FREQÜENTS AMB RESPOSTES SORPRENENTS

1. Només dient **No** a les guerres, les podem aturar?

Qualsevol persona equilibrada està contra les guerres. No podem resoldre conflictes posant més llenya al foc. Com podem vindicar drets i llibertats o modificar fronteres tot destruint, ferint, torturant, matant, violant persones, civils o militars? Diem no a les guerres però, si algú ens ataca, què hem de fer en un món amb més de 30 guerres, amb milers de morts?, quan tanta gent les pateix directament o les patim indirectament? #ADNcat

2. No tenim dret a defensar-nos quan som atacats?

Què fer quan som atacades, envaïdes, ocupades? Hem de defensar-nos!. Però, com fer-ho sense provocar més patiment? Com fer una defensa efectiva, que no provoqui més destrucció i mort de les que pretén evitar? Tenim el dret i el deure de defensar la vida de les persones, dels pobles i les seves organitzacions, de la natura i de la Terra; a defensar-nos de tota mena d'agressions, socials, econòmiques, polítiques, culturals... també militars. #ADNcat

3. Si diem **No** a les guerres, a què diem **Sí**?

Diem NO a les guerres, a la cursa d'armament, a la militarització creixent, als pactes militars... Diem sí als organismes multilaterals, al desarmament, al dret internacional... però també, i fins ara no s'ha fet, als sistemes civils d'autodefensa noviolenta! La legítima defensa no pot ser l'excusa per començar ni per escalar cap guerra, que provoca l'efecte contrari a l'esperat: no protegeix la població, ni els seus drets, ni els seus béns. #ADNcat

4. Com defensar-nos sense provocar més guerra?

Com podem organitzar un defensa efectiva que redueixi la mort i la destrucció? Quasi sempre la gent identifica "defensa" a "defensa armada" i no sabem imaginar com defensar-nos sense recórrer als exèrcits i a les seves armes letals. Però, com veurem, espontàniament, alguns pobles han sabut defensar-se sense oposar resistència armada a tropes invasores molt més potents. #ADNcat

5. Que ens han ensenyat aquestes "defenses civils noviolentes"?

Que quan la gent planta cara sense violència als invasors, fa veure als soldats les mentides amb què els han mobilitzat, obstrueix i entrebanca la invasió, no coopera en res i desobeeix les ordres... la invasió trontolla. En els casos més coneguts, l'ocupació nazi de Dinamarca el 1940 o la invasió de Txecoslovàquia el 1968, és reduí la destrucció, s'afeblí la motivació de les tropes i decaigué la rendibilitat esperada de l'ocupant. #ADNcat

6. Quin és l'art de l'autodefensa noviolenta?

Una població socialment cohesionada i equilibrada, disposada a organitzar-se i arriscar-se per defensar la seva vida i el seu país sense confiar en què les forces armades siguin el mitjà de la seva seguretat i protecció. Si està ben organitzada, suposarà a l'invasor costos econòmics, morals i polítics el desplaçar i mantenir una força ocupant, i es trobarà sense els arguments de "combatre el terrorisme" d'un poble que no respon amb violència! #ADNcat

7. Per què l'autodefensa noviolenta pot ser la millor dissuasió?

L'invasor també ha de saber que l'ocupació no li serà rendible degut a la radical no cooperació i desobediència de la gent. La millor dissuasió és advertir-li que l'ocupació no li sortirà a compte. Per contra, la dissuasió nuclear no impedeix les guerres i augmenta el perill –per accident o per ús embogit– de provocar un holocaust inimaginable, és a dir, el fracàs absolut dels suposats objectius de la legítima defensa. #ADNcat

8. Per què fracassen les respostes espontànies per aturar els tancs?

Quan la guerra esclata ja és massa tard per organitzar una defensa civil noviolenta. Com hem vist a Ucraïna, poden haver-hi respostes espontànies de plantar-se davant els tancs. Però quan hi ha morts als dos costats, l'espiral de violència no és fàcil d'aturar i es disparen els actes venjatius. Ara és l'hora d'organitzar-nos. En temps de pau és quan cal preparar-se i organitzar-se (com ho estan fent sempre els exèrcits). #ADNcat

9. Per què els estats no han organitzat la defensa civil noviolenta?

Els estats tenen el monopoli de la violència i l'exerceixen amb els exèrcits. Alguns més democràtics organitzen la població en protecció civil com a sistema complementari a la defensa armada. Cap Estat amb exèrcit té una defensa civil alternativa a la defensa militar. La gent d'un país sense Estat ni exèrcit, si sap activar una autodefensa noviolenta, podrà facilitar la independència i la seva defensa un cop aconseguida. #ADNcat

10. Quines són les condicions socials favorables a la defensa civil?

És més fàcil defensar i protegir allò que sentim propi o estimem. La primera condició per esforçar-se, per arriscar comoditats i vida, és que ens sentim formant part de la societat en què vivim, i que hi hagi prou cohesió social perquè pagui la pena ser defensada. La societat no ha de tolerar grans desequilibris, desigualtats ni opressions relacionades amb ingressos, consum, recursos, possibilitats... Ni entre la mateixa població ni d'aquesta amb el medi natural. #ADNcat

11. La defensa de les agressions actuals prepara la d'una hipotètica agressió militar?

Com que no hi ha cap societat equilibrada, la pràctica de l'auto-defensa noviolenta cal exercir-la contra les agressions i violències que avui pateix cada territori, per tendir a refer els equilibris trencats. Aquesta feina te dues virtuts: millora les condicions de vida, la cohesió social i, alhora, crea les condicions més favorables per fer front a una hipotètica, i no desitjada, agressió armada. #ADNcat

2a part

QUÈ ÉS LA DEFENSA CIVIL NOVIOLENTA?

12. Quins avantatges ofereix la defensa civil noviolenta

Ofereix importants avantatges estratègics a curt i llarg termini respecte a les tradicionals estratègies militars en la defensa de persones, governs i territoris. Aprofita les vulnerabilitats polítiques dels adversaris quan busca maneres de soscavar els pilars essencials –econòmics, polítics, morals– que sostenen l'adversari i la seva maquinària de guerra, alhora que minimitza els costos, danys i morts per a la societat atacada. #ADNcat

13. Què aporta de més la defensa civil noviolenta

La defensa civil noviolenta pot inculcar un grau significatiu d'apoderament cívic, d'autoorganització, descentralització i solidaritat cívica, elements necessaris per a una democratització reeixida de la postguerra. "Civil" no només fa referència a que està formada per ciutadans i ciutadanes, gent del poble, persones treballadores, pageses, indígenes, etc., sinó que es tracta d'una defensa pacífica, no armada i noviolenta, contraposada a "militar". #ADNcat

Gran part dels missatges d'aquesta 2a part estan inspirats en l'article de Maciej Bartkowski del 2015.

Defensa civil noviolenta per contrarestar la guerra híbrida de Rússia

https://lluitanoviolenta.cat/recurs/
defensa-civil-noviolenta-contrarestar-
la-guerra-hibrida-de-russia

Especialitzat en història, estudi i pràctica de la resistència civil. Observa com la gent comuna s'organitza i exerceix una resistència constructiva i coercitiva noviolenta per guanyar les seves llibertats i drets, sovint en contra de pronòstics aparentment insuperables. El seu interès inclou les estratègies de resistència noviolenta contra les dictadures, la defensa nacional i la lluita contra la desinformació estrangera i nacional.

El 2015 exposà en aquest article els principis ben establerts del conflicte estratègic noviolent i documentà la seva eficàcia per resistir i fer retrocedir l'opressió. A continuació, descrivia com la Rússia del president Vladimir Putin ha trobat maneres de convertir aquesta forma de lluita en finalitats ofensives, sobretot a Ucraïna, però també a altres països de la perifèria de Rússia. Conclou amb algunes recomanacions polítiques sobre com Ucraïna i l'OTAN poden resistir aquesta agressió utilitzant mitjans totalment o parcialment noviolents.

14. De què depèn l'eficàcia de la defensa civil noviolenta

Depèn de la planificació organitzativa, d'una associació efectiva entre les organitzacions públiques i cíviques, així com amb la gent implicada en l'aplicació d'estratègies noviolentes. En contrast amb la resistència popular armada violenta, que està en mans d'un nombre limitat, normalment, d'homes que operen en una xarxa de guerrilla clandestina, la resistència noviolenta pot mobilitzar i implicar tota la societat. #ADNcat

15. La població és la base de la defensa civil noviolenta

Tothom pot participar en actes oberts o discrets de no cooperació, de desobediència i de negativa a acceptar l'autoritat de l'adversari repressor o invasor. Accions noviolentes de tota mena poden mobilitzar molts més milers, potser milions de persones del que mai podria la resistència armada, aportant-hi un poder real, potent i fort a la defensa contra la invasió i a la resistència contra l'ocupació. #ADNcat

16. Quin paper juga la població en la defensa civil noviolenta

La "població" s'ha d'entendre com la ciutadania en general i les organitzacions del país atacat, així com també la ciutadania i les organitzacions del país de la força armada invasora; també les xarxes i col·lectius cívics d'altres països que, segons els missatges que reben, tenen la capacitat de donar el seu suport a un costat o l'altre. La defensa noviolenta ha de buscar el suport d'aquests tres tipus de població. #ADNcat

17. Manual del govern Lituà sobre defensa civil noviolenta

El Ministeri de Defensa de Lituània, com veurem amb més detall, va publicar el 2015 un manual perquè el poble lituà l'utilitzi en cas d'una invasió estrangera. Assenyala que la ciutadania pot resistir l'agressió contra el seu país no només mitjançant la lluita armada. La defensa civil o la resistència civil noviolenta és una altra forma d'implicació de la ciutadania front a les agressions. #ADNcat

18. El desconcert en l'ocupant que provoca la defensa noviolenta.

L'ocupació de Dinamarca i Holanda va esdevenir un gran repte per a l'exèrcit alemany quan la població va recórrer a la resistència noviolenta per defensar-se. Els nazis alemanys eren experts en violència i havien estat entrenats per fer front i derrotar als oponents que utilitzaven aquest mètode, amb l'exèrcit o amb guerrilles. Però altres formes de resistència civils i noviolentes els van desconcertar. #ADNcat

19. L'ocupant justifica la seva acció repressiva quan la resistència és violenta.

Quan la resistència danesa esdevenia violenta els nazis alemanys s'alleujaven perquè sabien com actuar i també quan les formes noviolentes es barrejaven amb l'acció guerrillera, perquè així podien justificar la combinació d'una acció repressiva dràstica i cruenta contra ambdues formes de resistència, alhora, violenta i noviolenta. #ADNcat

20. El secret de la defensa civil noviolenta: tots a una

En la defensa civil noviolenta ideal, tota la població incloses les seves institucions, xarxes i agrupacions formals i informals, formen part de la força de resistència i defensa. Aquesta força, a més del desplegament d'estratègies de comunicació i d'operacions psicològiques, fa una guerra quotidiana de no cooperació i desobediència dirigida contra l'agressor en tots els àmbits de la vida social, política, econòmica i cultural. #ADNcat

21. El secret de la defensa civil noviolenta: augmentar els costos a l'invasor

La no cooperació total fa que qualsevol invasió o, posterior ocupació, sigui insostenible a llarg termini per a l'atacant. La defensa civil nacional pretén augmentar els costos per a l'invasor sacsejant la lleialtat de les seves tropes, els seus partidaris interns crucials i el seu públic en general, alhora que millora la cohesió interna, la solidaritat i l'autoorganització de la societat combatent que es defensa. #ADNcat

22. El secret de la defensa civil noviolenta: lluita política per mitjans polítics

En el seu nucli essencial, la defensa civil noviolenta nacional és una lluita política realitzada amb mitjans polítics, socials, econòmics, culturals... A través de xarxes locals i nacionals de civils, xarxes flexibles però integrades, que poden mobilitzar centenars de milers o milions de persones per fer accions contra l'agressor dins d'una lluita noviolenta disciplinada, autoorganitzada, àgil i flexible. #ADNcat

23. Exemples encoratjadors de defensa civil contra forces militars poderoses

En la història dels conflictes armats violents estem redescobrint exemples encoratjadors i sorprenents de defensa civil i de resistència noviolenta contra adversaris estrangers, militarment molt més poderosos. L'adversari invasor, que basa la seva fortalesa en la violència militar, prefereix enfrontar-se als defensors batallant amb armes letals on sap que té un clar avantatge sobre el contrincant. #ADNcat

24. Exemples sorprenents de defensa civil que desconcerten els invasors

L'invasor un cop desafiat amb la resposta asimètrica de les accions noviolentes massives de desobediència i no cooperació, dubta i ha de reaccionar improvisadament als esdeveniments en lloc de poder portar la iniciativa: perd un temps i uns recursos preciosos en haver d'ajustar tàctiques i estratègies al camp de batalla polític i econòmic menys favorable i gens habitual per als militars. #ADNcat

25. La sorprenent i efectiva resistència civil danesa a la invasió nazi

En la Segona Guerra Mundial, els danesos, com hem dit, van llançar una campanya de no cooperació total amb els ocupants nazis. Aquest tipus de resistència va ajudar els danesos a adonar-se'n que sí podien fer alguna cosa per afrontar un adversari molt més fort i brutal. També els va fer més solidaris i els va ajudar a crear sistemes d'informació i comunicació, i a salvar moltes vides.

La població danesa feu nombroses vagues, de "braços caiguts" o de "tornar a casa d'hora", així com boicots, manifestacions i sabotatges industrials. Aquestes accions van soscavar l'esperada explotació econòmica alemanya del país. L'exèrcit alemany va respondre amb repressió i amb estats d'emergència, provant així que les accions daneses l'estaven perjudicant.

En la seva lluita contra els ocupants, la població danesa es va guiar per deu manaments de desobediència:

1. No heu d'anar a treballar a Alemanya i Noruega.
2. Fareu malament la feina per als alemanys.
3. Treballareu lentament per als alemanys.
4. Destruireu màquines i eines importants [que fan servir els alemanys].
5. Destruireu tot allò que pugui ser de benefici per als alemanys.
6. Alentireu tot el transport [utilitzat pels alemanys].
7. Boicotejareu les pel·lícules i els diaris alemanys i italians.
8. No heu de comprar a les botigues dels nazis.
9. Tractareu els traïdors pel que valen.
10. Protegireu qualsevol persona perseguida pels alemanys.

En recórrer al que ara anomenem una defensa civil clàssica, els danesos van estalviar al seu país una certa destrucció que, d'altra manera, podria haver estat similar al destí de països com Polònia. En el procés de resistència civil, a través de les seves xarxes de solidaritat, els danesos van salvar centenars de milers de vides, també de molts jueus. #ADNcat

26. La sorprenent i efectiva resistència txecoslovaca a les tropes soviètiques

El poble de Txecoslovàquia va desplegar accions noviolentes contra la invasió de les tropes soviètiques i del Pacte de Varsòvia el 1968. Com a conseqüència d'aquesta resistència, la invasió soviètica es va allargar durant vuit mesos en lloc de pocs dies, com estava previst inicialment. Txecs i eslovacs van negar a l'agressor tota mena de serveis, menjar, aigua, allotjament i informació.

Ho van fer amb una senzilla instrucció de deu punts que es va publicar al principal diari. Quan un soldat soviètic volia alguna cosa dels residents se'ls va aconsellar que responguessin: 1 No ho sé. 2 No t'importa. 3 No diguis res. 4 No en tinc. 5 No sé com fer-ho. 6 No n'hi donis. 7 No ho puc fer. 8 No li venguis res. 9 No li mostris res. 10 No facis res.

A tot arreu, les parets dels edificis estaven cobertes amb lemes i cartells pintats a mà. La gent llegia per tot arreu els diaris i fulletons que anaven sortint de les impremtes clandestines, malgrat els esforços de les forces d'ocupació per aturar-ho. Era la imatge d'una ciutat amb uns habitants que estaven absolutament units en una resistència "passiva", desarmada contra els intrusos aliens.

Allà on algú havia caigut víctima de les bales soviètiques hi havia monuments improvisats amb masses de flors i banderes nacionals. Els rètols dels carrers s'havien retirat o alterat per confondre les forces d'ocupació quan volien anar a detenir algú o ocupar un edifici. #ADNcat

27. Què podem aprendre de la resistència txecoslovaca a les tropes soviètiques

L' estratègia de resistència civil txecoslovaca no va expulsar ni va derrotar l'exèrcit soviètic, encara que la resistència armada tampoc ho hauria fet. En canvi, l'estratègia "d'aïllar socialment els invasors i negar-los l'ús rendible dels recursos nacionals: personal, tecnologia i béns", va frustrar significativament els plans d'ocupació dels soviètics.

El pla inicial de les tropes invasores del Pacte de Varsòvia era arrencar el control del país de les mans dels líders comunistes reformistes txecoslovacs i establir un control militar i polític soviètic indiscutible sobre el país en quatre dies. No obstant això, van trigar vuit mesos a fer-ho!, molt més del que hauria estat el cas si la resistència hagués estat violenta.

Un aixecament armat de txecs i eslovacs contra els soviètics invasors hauria assegurat una derrota completa i sagnant com va passar a Hongria, la dècada anterior, el novembre de 1956. A Budapest, un cop donades les ordres d'envair, les forces soviètiques van trigar només sis dies a aixafar l'aixecament armat hongarès.

La resistència noviolenta va permetre als txecoslovacs preservar el teixit social i econòmic i salvaguardar la força cívica per continuar la resistència amb autoorganització i mobilització noviolenta. Això, sense saber-ho, va establir les bases per a la transició pacífica de Txecoslovàquia a la democràcia el 1989, sense oblidar el divorci pacífic sense precedents de la República Txeca i Eslovàquia el 1993. #ADNcat

28. L'oblit de les bones experiències
   i nous intents per obrir-se camí

Tant a Dinamarca com a Txecoslovàquia la defensa civil va protegir els civils i el país millor que qualsevol resistència armada. Malgrat aquests èxits –certament relatius–, la idea mai va guanyar força al militaritzat Occident durant la Guerra Freda. Tanmateix, va tenir un breu renaixement immediatament després del final de la Guerra Freda, especialment a les repúbliques bàltiques pel context de la seva independència. #ADNcat

29. Les apostes de les repúbliques bàltiques
   per a la defensa civil

Els estats bàltics, el 1990, amb l'experiència del procés d'independència, es van plantejar adoptar estratègies civils noviolentes en la defensa nacional, ja que reconeixien que les seves capacitats militars convencionals eren insignificants en comparació amb les de Rússia i que, si arribava la guerra, l'ocupació seria inevitable. Per tant, aquests països van dissenyar plans per a la resistència total dels ciutadans. #ADNcat

30. L'aposta de Lituània

Després del referèndum d'independència, el 1991, el Consell Suprem de Lituània va regular les accions de la ciutadania i les institucions en cas d'ocupació soviètica. Demanava l'adhesió "als principis de desobediència, resistència noviolenta i no cooperació política i social com a mitjà principal de lluita per a la independència". I un decret va establir la Comissió de Defensa Psicològica i Resistència Civil al Departament de Defensa. #ADNcat

31. L'aposta de Letònia

El Front Popular Letó, el 1990, va fer una crida perquè en cas d'ocupació la població civil s'hauria d'involucrar en una no cooperació total, així com "ignorar les ordres dels atacants, no participar en cap elecció o referèndum, i documentar tots els delictes perpetrats pels atacants". Va preparar plans per defensar les institucions públiques formant cadenes de gent desarmada al seu voltant.

El 1991, el Consell Suprem de Letònia va acordar la creació d'un Centre de Resistència Noviolenta: la defensa civil a Letònia hauria de ser un complement constant de les seves defenses militars, per tal de compensar la seva relativa debilitat militar, millorar l'autoestima dels seus ciutadans i servir com a possible element dissuasiu en cas d'una possible agressió.

La defensa civil s'utilitzaria: 1) com a mitjà bàsic de defensa en cas que l'exèrcit agressor superi àmpliament el de les unitats militars

Rafael Poch dona una altra versió dels fets a Lituània

https://blogs.lavanguardia.com/berlin-poch/el-kaganato-de-kiev-y-otras-historias-55192

En Lituania había un genuino movimiento nacional popular. Moscú jugó movilizando a la minoría rusa. Quería provocar enfrentamientos y a continuación intervenir militarmente como "mediador". Fue así como se llegó al "domingo sangriento", el 13 de enero de 1991. La tropa rusa llegó a la torre de la televisión para desalojarla, pero la ciudadanía bloqueó el lugar. Entonces actuaron francotiradores. Más de una docena de personas murieron por impactos de armas de fuego y muchos más fueron heridos. Les tirotearon desde las azoteas y los balcones de los edificios circundantes. ¿Quién tiroteó a la multitud? "Mis hombres no estaban estacionados allí. La tropa especial del KGB no llevaba munición real en sus armas, solo en los bolsillos como reserva. Nuestro objetivo era entrar en la sede de la televisión", explica el jefe del operativo ruso, Mijail Golovatov (en *Die Presse*, 3 de septiembre de 2011). Inmediatamente después de los hechos todo eso ya se dijo, pero ¿quién iba a creer que Goliat no disparó contra David y que aquello no había letones, ja que la defensa militar directa és inútil i fins i tot pot servir de pretext per a repressions violentes contra els civils; 2) com a mitjà addicional de defensa, si està en perill per un agressor les forces del qual són aproximadament iguals a les pròpies; 3) com a mitjà addicional de defensa en cas de cop d'estat. #ADNcat

sido una "masacre del KGB"? Hubo que esperar más de diez años para que el propio Butkevicius explicara que fueron sus hombres, armados con fusiles de caza, quienes dispararon a la muchedumbre desde las azoteas. Lo dijo en una entrevista a la revista *Obzor*, publicada en el 2000:

"No puedo justificar mi acción ante los familiares de las víctimas, pero sí ante la historia, porque aquellos muertos infligieron un doble golpe violento contra dos bastiones esenciales del poder soviético: el ejército y el KGB. Así fue como los desacreditamos. Lo digo claramente: fui yo el que planeó todo lo que ocurrió. Había trabajado bastante tiempo en la Institución Albert Einstein con el profesor Gene Sharp, que entonces se ocupaba de lo que se definía como "defensa civil", en otras palabras, la guerra psicológica. Sí, yo programé la manera de poner en dificultades al ejército ruso, en una situación tan incómoda que obligara a cada oficial ruso a avergonzarse. Fue guerra psicológica. En aquel conflicto no habíamos podido vencer con el uso de la fuerza, eso lo teníamos muy claro, por eso trasladé la batalla a otro plano, el del enfrentamiento psicológico, y vencí".

"De otra manera habría muerto mucha más gente, en esa situación solo murieron los que murieron", dice Butkevicius en el video de enero de 2013.

Els atemptats terroristes de falsa bandera no tenen res a veure
amb la defensa civil noviolenta ni amb la guerra psicològica,
faci el qui els faci i el justifiqui com els justifiqui.

32. L'aposta d'Estònia

El 1991, els funcionaris d'Estònia van idear el pla "Desobediència civil" que aconsellava el poble a: "tractar totes les ordres que contradiguin la llei estoniana com a il·legítimes; dur a terme una estricta desobediència i no cooperació amb tots els intents soviètics d'enfortir el control; negar-se a subministrar informació vital a les autoritats soviètiques i, quan sigui necessari, eliminar noms de carrers, senyals de trànsit, números de casa, no deixar-ser provocar a fer accions imprudents; documentar per escrit i amb cinema les actuacions soviètiques i utilitzar tots els canals per distribuir internacionalment aquesta documentació; preservar el funcionament de les organitzacions polítiques i socials, com per exemple crear organitzacions de seguretat i amagar equips essencials; implementar accions massives quan sigui adient; i emprendre una comunicació creativa amb les forces potencialment hostils". #ADNcat

33. Quan de temps van durar les apostes bàltiques?

Fracassat el cop d'estat a Moscou, l'agost de 1991, Letònia i Estònia van abandonar la defensa nacional de base civil. Lituània va continuar-la i el 1996 adoptà la Llei sobre seguretat nacional: "en cas d'assalt, els ciutadans i les seves estructures autoactivades hauran d'emprendre accions de protecció civil –resistència noviolenta, desobediència i no col·laboració amb l'administració il·legal–, així com la resistència armada." #ADNcat

34. L'OTAN va frustrar aquestes apostes?

El 2004, Lituània, amb els altres dos estats bàltics i quatre països d'Europa central, es va unir a l'OTAN i el fet va crear la percepció que l'asimetria entre la força armada lituana i el seu probable enemic a l'est ja no era rellevant. El 2005, l'estratègia de defensa civil es retirà de la Llei de seguretat nacional de Lituània. Així l'OTAN va matar l'interès per les estratègies no militars i noviolentes de defensa civil en els estats bàltics. #ADNcat

35. El retorn de Lituània a la defensa civil?

El Ministeri de Defensa Nacional de Lituània, com hem vist, publicà el gener 2015 un "Manual sobre com preparar-se per a situacions d'emergència i guerra". Reintroduí la defensa civil noviolenta en l'estratègia de defensa nacional destacant el rol de les institucions estatals, els serveis d'emergència, les forces de seguretat, incloses les mesures per augmentar la seguretat de la població en cas de conflicte armat.

El manual ofereix detalls sobre les accions que els civils poden emprendre per desafiar l'agressió externa sense armes. El manual il·lustra fins a quin punt el govern lituà s'ha tornat escèptic sobre la capacitat de l'OTAN per fer front a l'amenaça de guerra híbrida externa. Destaca els "198 mètodes noviolents" de Gene Sharp, amb les diferents categories de tàctiques: de protesta i persuasió, de no cooperació i d'intervenció noviolenta.

El manual del Ministeri de Defensa lituà, com Sharp plantejava, afirma que "en el cas de la defensa civil, tota la societat esdevé una força de lluita noviolenta". El manual proposa l'ús de qualsevol de les categories de tàctiques noviolentes en funció de la situació i fomenta la no cooperació organitzada, inclosos els boicots i les campanyes de desobediència en cas d'ocupació.

El manual també aconsella repartir fulletons i premsa clandestina, fer vagues de fam i de "braços caiguts", no reconèixer les institucions ocupants i no participar-hi, establir una xarxa de portals web que difonguin informació sobre la resistència civil, portar símbols nacionals, quedar-se a casa per "rebre" els invasors amb els carrers i edificis buits, ignorar el toc de queda i "no ajudar els ocupants de cap manera".

Finalment, el manual també recomana exercicis d'entrenament —el que podríem anomenar jocs de guerra noviolents— per preparar i practicar la implementació d'aquestes mesures. Segons el Manual, com més gran és la comprensió de les accions noviolentes entre una població general més ben preparada està la gent per utilitzar-les. #ADNcat

36. Com estendre el camp de batalla noviolenta a la població de l'adversari?

El 1923, les tropes franceses i belgues van ocupar el Ruhr miner i industrial en resposta al fracàs de la república de Weimar per fer front a les reparacions de guerra acordades a Versalles. Les opinions de les societats francesa i belga sobre la invasió van canviar gradualment, però de manera significativa a mesura que es va fer evident l'efecte de la postura noviolenta de la població alemanya del Ruhr.

Milers de francesos van anar al Ruhr com a soldats o civils i es van convertir en advocats dels alemanys. Per primera vegada van veure els alemanys tal com eren realment. Van conèixer un poble laboriós, que vivia en cases endreçades, gent molt diferent del que la propaganda bèl·lica els havia fet creure. Hi va haver molts oficials d'alt rang que van ser substituïts per la seva actitud amistosa cap als alemanys. #ADNcat

37. L'eficàcia de la fraternització en el canvi de lleialtat

Alguns palestins intenten arribar als activistes israelians que s'oposen a les polítiques d'ocupació del govern israelià, però els seus esforços per guanyar-se una part de la societat israeliana es veuen soscavats per la violència d'altres grups palestins. En aquests casos, l'estratègia noviolenta es basa en reduir la distància social entre la societat que es defensa i la població que viu en el règim que ataca aquesta societat. #ADNcat

38. La defensa civil aconsegueix més simpatia que la resistència violenta

La defensa civil té més possibilitats d'aconseguir la simpatia, la solidaritat i l'ajuda tècnica i econòmica internacionals que la resistència violenta. Teòricament, no sempre les democràcies decideixen subministrar armament a una part en un conflicte. Les societats democràtiques sovint es mantenen dividides en la qüestió de l'ajuda militar, malgrat si els seus governs finalment aproven aquesta assistència.

En canvi, l'assistència internacional a la defensa civil sovint pot mobilitzar milions de persones a l'estranger. Per exemple, la lluita noviolenta contra l'*apartheid* a Sud-àfrica a la dècada de 1980, que va mobilitzar i unir el públic nord-americà al voltant de la campanya "Sud-àfrica lliure". Malgrat l'oposició de Reagan, la campanya va portar a l'adopció de les sancions econòmiques pel Congrés dels EUA el 1986. #ADNcat

39. Les dues vies: iniciativa governamental i iniciativa ciutadana

Molts dels exemples històrics de resistència i defensa civil han estat improvisats davant la impossibilitat d'enfrontar-se militarment a una força armada molt superior i amb l'objectiu d'evitar el màxim de morts, de ferits i de destrucció. L'èxit, sempre relatiu i temporal, ha estat major quan govern i població han sumat capacitats per fer front a la invasió i a l'ocupació.

Llevat de Lituània, cap Estat europeu ha apostat per la defensa civil noviolenta, ni sembla estar disposat a fer-ho, i menys en el marc de l'OTAN, que ha destruït qualsevol intent d'aplicar-la per mantenir així la seva hegemonia i dependència armamentista i militarista. Aquesta seria, la quasi inexistent, via d'iniciativa governamental de defensa civil.

Per tant, si bé la defensa civil noviolenta, combinada governamental-ciutadana, semblaria la més efectiva, quan el govern no vol apostar-hi, només queda la iniciativa ciutadana d'organitzar un sistema civil defensa noviolenta. I tant de bo la posada en marxa d'aquesta via pugui arribar a suscitar l'interès per a la implicació governamental i generar, així, un sistema de defensa civil i governamental noviolenta més potent. #ADNcat

40. La defensa en les nacions sense Estat

Si gairebé cap Estat amb exèrcit no té interès en avançar vers una defensa civil noviolenta, només les nacions sense Estat i sense exèrcit tenen en la via civil de defensa noviolenta una doble oportunitat: millorar les capacitats de la població per aconseguir la independència i, un cop aconseguida, poder defensar-la sense haver de recórrer a la lenta, costosa i perillosa creació i manteniment d'un exèrcit armat ni a l'entrada en una aliança militar. #ADNcat

41. La defensa en les nacions sense Estat. El cas català

Catalunya, si aconseguís la independència amb la força noviolenta de la gent (té una altra via?) hauria de defensar-la amb aquesta mateixa força. Però aquesta força noviolenta només ho pot ser si, ja des d'ara, s'organitza per aquests dos objectius. Com veurem, la proposta de crear agrupacions territorials d'AutoDefensa Noviolenta és un pas pel primer objectiu que, amb la independència, serien la base d'una Defensa Civil Noviolenta Catalana. #ADNcat

42. Ara, en el cas català, de qui ens hem de defensar?

Si considerem Catalunya com un país ocupat, ens hem de defensar de: 1 L'Estat espanyol que manté l'ocupació política amb un inalterable marc legal i amb els sistemes financers, judicials i repressius de què disposa. 2 Les transnacionals –incloses les espanyoles i catalanes– que mantenen l'ocupació econòmica i cultural amb el control de les inversions, l'amenaça dels llocs de treball i l'aculturació hispano-globalitzadora... 3 La falta de cohesió social i nacional, els desequilibris de tota mena, que incrementen els conflictes entre sectors de població

de procedències, llengües, classes diverses... atiats per les for-
ces de l'Estat espanyol que volen mantenir la unitat pàtria. No
sols "és català qui viu i treballa a Catalunya", sinó que ho és
qui també, com a mínim, respecta Catalunya; i per respectar
un país, aquest t'ha de tractar dignament. #ADNcat

43. En una República Catalana, de qui ens haurem de defensar?

En el cas d'una República Catalana, l'única amenaça a la in-
tegritat territorial seria la reacció del propi Estat espanyol i
de les seves Forces Armades. Cap altre país veí suposaria una
amenaça a tenir en compte, excepte si eixamplem el veïnatge
als enemics de l'OTAN, en cas de que la República Catalana n'hi
formés part.

Per fer front a l'amenaça de les Forces Armades Espanyo-
les, una Catalunya independent (o en procés de ser reconeguda)
no tindria cap possibilitat d'enfrontar-s'hi amb èxit ja que no

disposaria d'una força armada pròpia i que, en tot cas, aquesta seria impossible de crear amb capacitat efectiva defensiva sense que passessin bastants anys.

Per tant, l'única via realista de defensar-se d'una amenaça militar durant el procés o després de la independència és haver creat una força ciutadana noviolenta prou organitzada per aplicar les possibilitats dissuasives i resistents de la via civil de defensa noviolenta; creació possible ara dins un marc legal que no ho tindrà tan fàcil d'impedir com si fos, òbviament, la creació d'una força de lluita armada.

Posar les bases d'una via civil de defensa noviolenta, tot impulsant, com veurem, les AutoDefenses Noviolentes, necessita pocs diners i té menys riscos que altres vies, donat que és una autodefensa sense armes ni cap ús de la violència. Enfocada a la defensa d'agressions contra drets humans, polítics, socials o ambientals és, alhora, una eina per enfortir la cohesió social, condició bàsica per a l'èxit de qualsevol defensa civil noviolenta. #ADNcat

44. En una República Catalana, com contribuir a la seguretat humana i a la pau?

L'aportació a la seguretat comuna europea s'ha d'inscriure en la seguretat humana global i, per tant, en nom de la primera no podem participar en polítiques ni operacions que posin en perill la seguretat global, com acostumen a fer alguns estats europeus, amb o sense OTAN. Un país desmilitaritzat, neutral i amb una defensa civil noviolenta a Europa pot ser la millor contribució a la pau i la seguretat global.

Si aquesta neutralitat dificultaria el reconeixement de la República Catalana com un nou Estat a Europa dependrà del rol que la força noviolenta de la gent haurà tingut en aconseguir la independència. Si ha estat determinant (quina altra, sinó?) haurà guanyat el respecte i la confiança en ser una força de dissuasió, i fins i tot, podrà ser un model exportable a d'altres indrets i processos. #ADNcat

QUÈ PODEM FER ARA I AQUÍ: AUTODEFENSA NOVIOLENTA (ADN)

45. Què és una AutoDefensa Noviolenta (ADN)

Les agrupacions territorials d'AutoDefensa Noviolenta són una posada en marxa de la via ciutadana de defensa civil. A diferència dels ministeris de defensa (de guerra?) amb polítiques no sols defensives, sinó també violentament ofensives –pel tipus d'armament i d'operacions que fan–, l'AutoDefensa Noviolenta, només pot ser defensiva, només **és** per protegir les persones, els seus drets, les institucions i el territori on viuen de qualsevol agressió. #ADNcat

46. En què s'inspira una AutoDefensa Noviolenta (ADN)

L'organització de les ADN vol posar les bases d'un Sistema Civil de Defensa Noviolenta inspirat en les experiències històriques, com les citades, i en les diferents propostes elaborades per Gonzalo Arias *(El antigolpe* i *El ejército incruento de mañana)* i Gene Sharp *(La defensa civil noviolenta)* així com estudis fets a Catalunya, com *Un Estat segur i en pau,* publicats en gran part per l'Institut Català Internacional per la Pau. #ADNcat

Les ADN són una proposta d'organització ciutadana inspirada en iniciatives com l'Arbre de les assemblees (Xirinacs), Som poble i decidim, la Sociocràcia, el Convivialisme, el Manifest Re-evolució noviolenta o extermini o la Democràcia Comunal. Les ADN vetllen pels equilibris en les relacions humanes i amb la natura de la que formem part, i renuncien, per tant, a emprendre tota mena d'agressions i violències per aconseguir els seus objectius. #ADNcat

Sistema Civil de Defensa Noviolenta

https://lluitanoviolenta.cat/projecte-defensa-noviolenta

Un sistema civil de defensa noviolenta com alternativa als sistemes militars de defensa violenta

No pot ser que, davant d'una guerra més, per falta d'una alternativa civil de defensa noviolenta, la població només pugui triar entre

47. Quin és l'indicador d'unes relacions equilibrades?

Un indicador clau per conèixer el grau de relacions equilibrades en un territori (carrer, barri, poble, ciutat, comarca, nació, continent, món...) és el grau de cohesió social i amb la natura de la gent que hi viu. Una forta cohesió comunitària és el resultat d'un alt grau de necessitats humanes cobertes que fa d'aquest territori un espai força habitable per a tothom, i per, tant, un espai que paga la pena defensar. #ADNcat

recolzar la guerra (amb més armes, més soldats, més pressupost...) o clamar per aturar la guerra (amb més manifestacions antimilitaristes i pel desarmament, més crides al diàleg, més anàlisis sobre les causes de la guerra..).

En els darrers cent anys hi ha prou experiències, estudis i propostes arreu del món per posar les bases d'un sistema civil de defensa noviolenta com alternativa als habituals sistemes militars de defensa violenta.

L'alternativa és possible. Aquest projecte, si obté l'aportació i la implicació ciutadana necessàries, vol plantejar com podria ser el **Sistema Civil de Defensa Noviolenta de Catalunya**, tant en la fase actual, com en el cas d'esdevenir un Estat independent.

Es recomanen una dotzena de llibres, s'exposen els antecedents i es planteja com començar una ADN.

Gonzalo Arias Bonet

https://lluitanoviolenta.cat/
autor/arias-bonet-gonzalo

Gonzalo Arias va ser un dels pioners en la noviolència a Espanya i escriptor d'una dotzena de llibres des de la seva visió noviolenta i cristiana.

Va néixer en una família de classe mitjana. Acabà la carrera de dret però, en estar més atret per la carrera diplomàtica, es va traslladar a París on va fer de traductor pel Ministeri d'Informació i per la Unesco.

A París va descobrir el llibre *L'action nonviolente*, de Joseph Pyronnet, que li va fer canviar la seva visió cristiana i el descobriment de la noviolència que el marcaren per sempre. El seu primer llibre, *Los encartelados. Novela programa* (març de 1968, a França), el repartí clandestinament. El mateix Gonzalo Arias feu realitat el personatge de ficció el 20 d'octubre de 1968 a Madrid. Degut a això se'l detingué i se'l condemnà a set mesos de presó i a una multa de deu mil pessetes. Aquesta va ser la primera acció explícitament noviolenta que es dugué a terme a Espanya.

El 1971 va participar en una marxa de suport als objectors de consciència al servei militar i el 1976 fent denúncia pública de les tortures policials. Va escriure diversos llibres per bastir d'una base teòrica el moviment noviolent.

El antigolpe. Manual para la resistència noviolenta a un golpe de estado

https://lluitanoviolenta.cat/recurs/el-antigolpe-manual-para-la-respuesta-noviolenta-un-golpe-de-estado

Què hauria de fer una població per defensar-se dels militars i polítics colpistes? *El antigolpe* va ser un dels pocs llibres que intentà respondre aquesta pregunta després de la temptativa de cop d'estat del 23 de febrer de 1981, en plena transició democràtica espanyola. D'ací la importància d'aquesta obra que Gonzalo Arias va haver d'editar pel seu compte després que dotze editorials rebutgessin publicar-la.

El llibre planteja qüestions que encara tenen vigència: la naturalesa jeràrquica i les línies d'obediència a les forces armades, l'estudi d'intents de cop d'estat fracassats per la pràctica de la desobediència dintre i fora de l'exèrcit i, l'examen de cops reeixits per tal d'analitzar allò que va fallar en la resistència popular.

El ejército incruento de mañana

https://lluitanoviolenta.cat/recurs/
el-ejercito-incruento-de-manana-
materiales-para-un-debate-sobre-
un-nuevo-modelo-de-defensa-1

Gonzalo Arias recull diferents propostes sobre defensa civil i planteja com podria ser una organització defensiva que tingués per armes uns voluntaris entrenats amb les estratègies i tàctiques de la lluita noviolenta.

La defensa civil noviolenta

https://www.icip.cat/ca/publication/la-defensa-civil-noviolenta-gene-sharp/

Els països bàltics, Lituània, Letònia i Estònia, van declarar la seva independència el 1990 i van haver d'afrontar un intent d'agressió per part de les autoritats soviètiques. Durant la crisi, els tres governs depengueren en gran mesura dels mètodes de resistència noviolenta que havien après dels escrits de Gene Sharp. En aquella situació, Andreus Butkevicius, ministre de Defensa lituà, citant el llibre de Gene Sharp, proclamà: "Prefereixo tenir aquest llibre a una bomba atòmica".

La defensa civil noviolenta recull i fa balanç dels conflictes més significatius afrontats amb mitjans noviolents fins el 1990. També exposa les claus que permetrien fonamentar una resposta civil noviolenta a dos tipus de conflictes: els cops d'estat i les invasions. Després de gairebé tres dècades, molts fets han corroborat les propostes de Gene Sharp en multitud de conflictes, mostrant que és possible una resposta per fer front a les dues amenaces i que aquesta és a les mans de qualsevol poble, sobretot si es prepara.

Arbre de les assemblees

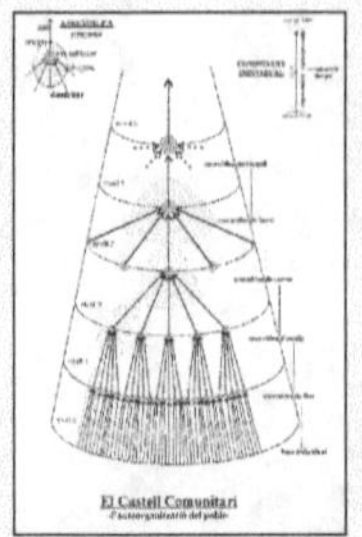

http://chalaux.org/demotica/
xdemctin.htm

Documents que formen part de l'estratègia de consecució elaborada per Lluís Maria Xirinacs, basada en un arbre d'assemblees, per vertebrar el poble de cada nació i lluitar pel seu alliberament, practicant la noviolència.

Som poble i decidim

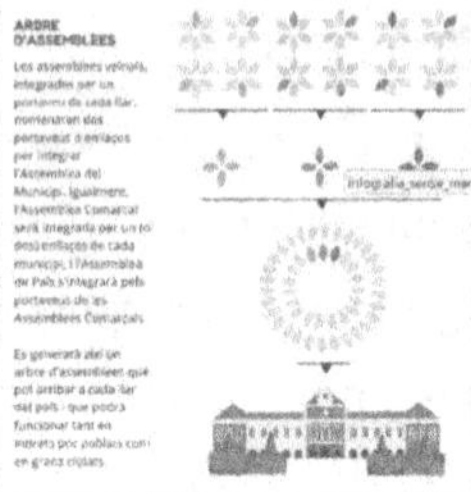

https://www.sompobleidecidim.cat/

Una iniciativa que intenta dur a la pràctica l'Arbre de les Assemblees en el context actual. Ara i aquí, siguem la veu i la força del poble: participa als diàlegs constituents a tot el país sobre clima, habitatge, igualtat de gènere, economia i democràcia participativa. Exercim la poblecràcia i fem-la vinculant al multireferendum final.

48. Quins objectius té una ADN per enfortir la cohesió comunitària

L'ADN de cada territori –del carrer a la ciutat...– contribueix, directament o a través de la pressió política, a que tota persona que hi viu, com a mínim:

1. No passi gana ni set, no visqui malnodrida i tingui una alimentació saludable.
2. No pateixi ni fred ni calor extremes, disposi d'un vestit adequat i d'una llar digna.
3. No sigui ni abandonada ni discriminada per qualsevol diversitat o procedència personal o grupal.
4. Tingui una ocupació lliure, digna i útil amb ingressos adequats a les seves necessitats i possibilitats.
5. Disposi de l'atenció i les cures adequades per fer front a qualsevol malaltia.
6. Tingui accés al coneixement i a la informació veraç adequats als seus interessos.
7. Pugui expressar lliurement i responsable les seves opinions i preferències.
8. Pugui influir i participar en les decisions comunitàries i polítiques dels diferents àmbits.
9. No sigui agredida ni pateixi violències impunement sense rebre protecció i pugui ser rescabalada.
10. Visqui en un entorn no degradat on no malmetem l'aire, les aigües, els sòls, la flora i la fauna.

#ADNcat

Construir un Estat segur i en pau

https://lluitanoviolenta.cat/recurs/
construir-un-estat-segur-i-en-pau

Construir un Estat segur i en pau és una contribució al diàleg social sobre la seguretat i la defensa dels estats. Vol donar arguments perquè, tant els estats existents com els de nova creació, com pot ser el cas de Catalunya en un futur, abordin els conflictes des d'una perspectiva no militar i abandonin la defensa armada com a pilar de la seguretat humana.

Durant tres anys un grup de persones de l'àmbit de pau de diverses entitats i col·lectius de Catalunya varen compartir reflexions i idees fins trobar formulacions comunes per als conceptes debatuts. El Seminari Estat de Pau, hereu del col·lectiu Pau i Treva, es va crear el setembre de 2012 per donar resposta a les inquietuds dels moviments socials catalans davant un procés sobiranista que volia ser radical en els plantejaments, però profundament pacífic, democràtic i noviolent en les formes.

49. Amb què compta una ADN per avançar en aquests objectius?

Una ADN empra les capacitats de la **via noviolenta**:

- **Consciència** de la interconnexió i el respecte entre totes les persones i els éssers vius.
- **Comunicació empàtica** en les relacions interpersonals i en els conflictes socials.
- **Lluita noviolenta** per fer front a la violació de drets i llibertats.
- **Resistència civil noviolenta** per afrontar agressions violentes.
- **Defensa civil noviolenta** per encarar les invasions i ocupacions armades.

  #ADNcat

50. Quins són els elements clau de la lluita noviolenta?

La lluita noviolenta ha de tenir **un objectiu equitatlu i veritable**, però necessita:

- **Estratègia:** com aconseguirem l'objectiu que volem assolir.
- **Actituds:** com suscitem empatia i que molta gent recolzi la causa.
- **Campanyes:** com articulem diferents accions en missatges clars.
- **Accions:** com concentrem l'energia en objectius assolibles que ens acostin al general.
- **Tècniques:** com entrenem i exercim capacitats per dur a terme accions amb èxit.

  #ADNcat

Convivialisme

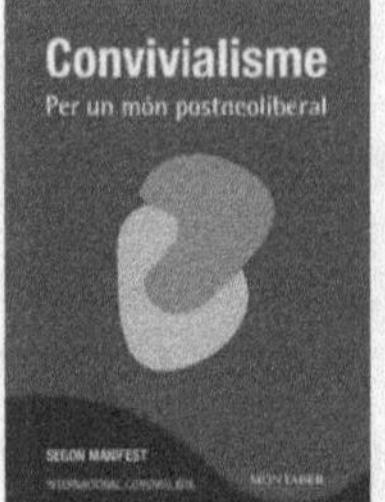

t.me/convivialisme
(https://t.me/convivialisme)

Proposta elaborada per uns 300 pensadors i activistes d'arreu: **un món en què aprenem l'art de conviure, cercant l'equilibri en totes les relacions, també amb la Terra, amb respecte i sense matar-nos, és vital per no extingir-nos i, encara és possible.** Ja no és possible un món on aprenem les males arts de la submissió, amb desmesura i deliri de grandesa, provocant desequilibri en totes les relacions, també amb la Terra, que ens porta al col·lapse i, fins i tot, a l'extinció.

Re-evolució noviolenta global o extermini total

Una nova i gran re-evolució global està emergint i és imprescindible per aturar el quasi inexorable autoextermini total de l'actual civilització i de gran part de les formes de vida, especialment la humana, del planeta Terra.

https://lluitanoviolenta.
cat/re-evolucio-
noviolenta-o-extermini

Una re-evolució, entesa com un conjunt d'evolucions ràpides, dràstiques, efectives, individuals i col·lectives que afecten la globalitat de les interrelacions humanes i d'aquestes amb la natura.

Una re-evolució postviolenta, que no compta amb la violència perquè la considera un caràcter recessiu de l'hominització, una característica patriarcal i masclista a superar.

Institut Català Internacional per la Pau

https://www.icip.cat/ca/?s=noviolencia

L'Institut Català Internacional per la Pau és una institució pública i independent, creada pel Parlament de Catalunya l'any 2007, amb la finalitat de promoure la cultura de la pau en la societat catalana i en l'àmbit internacional, i fer que Catalunya tingui un paper actiu com a agent de pau al món.

L'ICIP és un organisme autònom, amb personalitat jurídica pròpia. S'adreça i presta serveis a les administracions públiques, al món acadèmic i a la societat civil, i ret comptes al Parlament, al Govern i al conjunt de la ciutadania.

Entre les nombroses publicacions destaquen els llibres i estudis sobre la noviolència.

Democràcia Comunal

https://directa.cat/una-
forca-collectiva-per-a-
tres-combats/

Les noves institucions de democràcia comunal, resultat de la confluència del teixit polític, social, econòmic i cultural local, hauran d'exercir l'autodeterminació col·lectiva en tots els àmbits de la vida, com a exercici pràctic de resolució de les necessitats socials, econòmiques, culturals i ecològiques de la població, i ho hauran de fer des d'uns delicats equilibris: mantenint la pròpia autonomia, evitant les servituds de la política institucional, sense desestimar una necessària intervenció en les institucions polítiques existents, això és, sense renunciar a sotmetre-les a una democratització profunda, i sense renunciar a sostenir materialment i discursivament escenaris d'autodeterminació general, claus en la configuració de les majories socials del nostre país.

51. Quin tipus d'accions o campanyes combina la lluita noviolenta?

- **Diàleg:** cerquen parlar amb l'adversari sempre, abans, durant i després...
- **Denúncia:** volen fer emergir el conflicte, mostrar els desequilibris...
- **No cooperació:** cerquen retirar la col·laboració a l'adversari sense fer res il·legal...
- **Desobediència civil:** deixen de sotmetre's a lleis o normes injustes assumint-ne els riscos.
- **Creació d'alternatives:** mostren com seria la vida si s'acabés la injustícia que es denuncia.

#ADNcat

52. Com s'organitza l'ADN en cada indret?

L'ADN s'autoorganitza en petits **cercles** de persones voluntàries que fan:

- **Diagnòstic** dels desequilibris amb **tria** del més greu i que alhora puguem resoldre.
- **Pla de resiliència** per reduir desequilibris i agressions, començant pels més viables.
- **Formació,** entrenament i organització de la via noviolenta.
- **Campanyes** noviolentes de defensa i equilibri territorial per aplicar el pla.
- **Coordinació** amb altres cercles de persones voluntàries per ampliar l'impacte de les campanyes

#ADNcat

53. Quins objectius i relacions té una ADN?

Cada ADN vetlla per les relacions equilibrades entre els seus membres i assegura la seva participació tant en l'orientació de prioritats com en l'efectivitat de les accions. Cerca l'estima mútua i l'empatia: només defensem allò del que ens sentim formant-ne part. Cada ADN aspira a eixamplar aquesta cerca a tot el país i a tot el món; entén la seva acció com una contribució als equilibris que facin de la Terra un planeta habitable per a tothom. #ADNcat

54. Què vol dir comprometre's en una ADN?

Les persones membres d'una ADN es comprometem a signar i fer efectiva la Declaració de compromís i a acollir totes les persones que vulguin assumir-la i a implicar-s'hi. S'organitzen sociocràticament: les persones "associades" busquen fer complementària la implicació participativa tant en la presa deliberativa de decisions, com en l'execució operativa de les mateixes. #ADNcat

ADNcat

https://lluitanoviolenta.cat/
files/pdf/declaracio_de_
compromis_amb_adn.pdf

Declaració

Les AutoDefenses Noviolentes vetllen pels equilibris en les relacions humanes i amb la natura de la que formem part, i volen evitar, i renuncien per tant, a emprendre tota mena d'agressions i violències per aconseguir els seus objectius.

Les persones sotasignades com a membres de l'ADN territorial de...... ens comprometem a fer efectiva aquesta Declaració i a acollir totes les persones que vulguin assumir-la i implicar-s'hi.

55. Què vol dir que les ADN funcionin i es coordinin sociocràticament?

Les ADN s'apleguen en cercles de fins a set membres, prenen decisions per consentiment (ningú en contra), inclosa la tria de les persones responsables –secretaria, coordinació i dos enllaços– sense candidatures prèvies. L'enllaç de cada cercle cap els cercles més interns aporten la visió dels cercles més externs, l'enllaç del cercles interns cap els cercles externs, aporten la coordinació operativa de les decisions preses. #ADNcat

56. L'experiència i pertinença en lluites prèvies és una bona base de les ADN

Organitzar les ADN no s'improvisa, cal comptar amb persones, organitzacions i xarxes descentralitzades que tenen experiència en lluites noviolentes de defensa del territori, de l'habitatge, de conflictes laborals, ambientals, climàtics, culturals, lingüístics... pels drets humans, socials, nacionals, de les dones, dels migrants; contra l'armament, el deute, el consumisme i els grans desequilibris planetaris.

La gent que lluita cada dia per la cohesió social, pel respecte al medi natural, per la transició ecosocial és la base de les

AutoDefenses Noviolentes, perquè aquestes lluites són la millor escola de ciutadania activa i responsable, imprescindible per a la defensa del país. Però, les ADN estan obertes a tothom que vulgui involucrar-s'hi, tingui experiència o no, perquè seran l'espai comú d'aprenentatge. #ADNcat

Sociocràcia

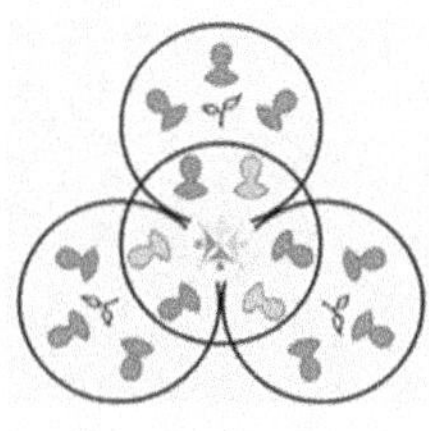

https://lluitanoviolenta.cat/recurs/las-fuerzas-creativas-de-la-auto-organizacion-y-sociocracia-para-organizaciones-sin-animo-de

https://view.genial.ly/5e3bccb035ef46049010dc3c/presentation-sociocracia-a-laula

Els grups de base trien, sense candidatures, el seu enllaç al grup més central per aportar legitimitat i el grup central tria el seu enllaç als grups de base per aportar eficàcia.

Demo-cràcia (demos plural); Socio-cràcia (sòcies amb visió compartida). Fer complementàries l'eficàcia (vertical) amb la legitimitat (horitzontal).

Quatre elements: cercles, doble enllaç (↑↓), sense candidatures, per consentiment. Si la cohesió del grup és molt important, millor acordar les decisions sense objeccions – oposicions fonamentals i fonamentades.

MÉS SOBRE OBJECTIUS I TÈCNIQUES DE LA DEFENSA CIVIL NOVIOLENTA

Reprenem idees molt ben expressades per Maciej Bartkowski, en l'article citat del 2015

57. Objectius de la defensa civil noviolenta

Per contrarestar una invasió: 1 Impedir o retardar que l'adversari assoleixi els seus objectius immediats. 2 Soscavar la capacitat de l'adversari de continuar la seva invasió. 3 Construir la unitat, la solidaritat cívica i la disciplina, tot organitzant la resistència noviolenta de la ciutadania en cas de disturbis provocats externament o en cas d'invasió i ocupació. 4 Protegir les pràctiques democràtiques mentre duri la lluita. #ADNcat

58. Quines són les tècniques de defensa del territori en cas d'invasió?

Dels exemples històrics podem aprendre diferents tècniques que tenen sentit dins una estratègia clara i pública de defensa civil noviolenta. Tenim un extens recull d'interessants i evocadors exemples de tota mena de lluites noviolentes i de tàctiques. A continuació en destacarem algunes específiques sobre com fer front a invasions. #ADNcat

Tàctiques de resistència civil en el segle xxi

https://lluitanoviolenta.cat/recurs/
tacticas-de-resistencia-civil-en-el-
siglo-xxi

El repertori en contínua expansió de les tàctiques noviolentes és una mostra de l'enginy i la creativitat dels activistes de tot el món. L'exploració de noves tàctiques —el propòsit principal d'aquesta monografia— no és simplement un exercici de documentació o classificació. L'estudi de cada mètode individual obre la porta a un món d'històries sobre resistència civil a diferents llocs i moments. Cada mètode ofereix una visió sobre la perseverança i resiliència de les persones davant de la repressió, cosa que demostra no només un impuls per lluitar pels drets, la llibertat i la justícia, sinó també la necessitat d'innovació i adaptació en encapçalar lluites de resistència.

59. Murs humans i bloqueig de vies de comunicació

Preparar i entrenar la ciutadania per: 1 El desplegament ràpid de persones desarmades per fer "murs humans" que defensin administracions públiques i centres de comunicacions. 2 El bloqueig de vies de ferrocarril, artèries viàries, ports o aeroports per frenar els avenços de l'adversari. 3 La mobilització de milers d'automòbils per obstruir el transport i la circulació de l'adversari i poder arribar als pobles amb informació i ajuda. #ADNcat

60. No cooperar amb les autoritats usurpades per l'ocupant

Fomentar la no cooperació cap als usurpadors amb accions de menor risc, com les practicades pels danesos i txecoslovacs: vaga de braços caiguts, absència en esdeveniments socials i polítics importants per a l'adversari, portar símbols nacionals, aïllar les forces d'ocupació, dimissions massives en les administracions usurpades, negativa a comprendre instruccions del govern usurpat i a implementar-les amb eficàcia. #ADNcat

61. Els costos de la no cooperació fa poc rendible la invasió

Quan l'ocupant topa amb una no cooperació en sectors clau de la societat i de l'economia, ha d'enfrontar costos enormes per substituir amb personal propi la feina que la no cooperació no està fent, provocant que deixi de ser-li econòmicament rendible. El 1923, al Ruhr, la negativa dels ferroviaris alemanys de transportar carbó a França i Bèlgica obligà a mobilitzar més de 10.000 funcionaris d'aquest dos estats. #ADNcat

Base de dades global d'acció noviolenta

https://lluitanoviolenta.cat/recurs/global-nonviolent-action-database-3

Ofereix accés gratuït a informació sobre centenars de casos d'acció noviolenta, de tots els continents i de la majoria de països, per a l'aprenentatge i l'acció ciutadana. La base de dades és un projecte de Swarthmore College.

62. Provocar l'afebliment moral de les bases de l'adversari

O bé generar desafecció, dissidència interna i desercions massives entre les tropes i els aliats de l'adversari, incloses organitzacions empresarials, religioses i culturals, així com en les seves famílies. O bé, accions de crear confiança, augmentar la fraternització entre locals i tropes de l'adversari, contrarestar la guerra de propaganda de l'adversari i reduir la distància social entre la població d'ambdós bàndols.

L'objectiu final és augmentar el malestar i, finalment, una oposició oberta de la població a les accions del seu govern a l'exterior. Això és més fàcil d'aconseguir si la població atacada manté la disciplina noviolenta. Aquesta estratègia fa molt més difícil per a l'oponent racionalitzar el seu vilipendi a la població atacada i aconseguir el seu suport propi intern a l'agressió a l'exterior. #ADNcat

63. Governs que aposten per la defensa civil noviolenta

El govern que hagi apostat per la defensa civil noviolenta pot distribuir un manual com el del Lituània i organitzar rutinàriament exercicis d'entrenament en què la població civil practiqui aquestes mesures. També pot donar suport a la creació d'una infraestructura de resistència civil que li permeti reforçar les capacitats defensives i contribuir així a fer creïble una estratègia de dissuasió mitjançant una no-cooperació radical. #ADNcat

64. Evitar l'aplicació simultània de les dues defenses, noviolenta i violenta

El govern que aposti per la defensa civil ha d'evitar l'ús simultani d'ambdues formes de resistència, noviolenta i violenta: si fos imprescindible, podria aplicar-les en diferents moments del conflicte o bé aplicar-la en llocs diferents. Per exemple, la defensa civil s'organitzaria a les ciutats, mentre que l'armada es limitaria a certes zones rurals, per reduir així les baixes civils i la destrucció de les ciutats. #ADNcat

65. La defensa civil noviolenta enforteix la democràcia un cop acabada la invasió

Promou la democràcia nacional i local i les pràctiques democràtiques. De fet, la defensa civil noviolenta pot produir dividends democràtics importants per als països que l'adopten. Estudis recents han demostrat que la pràctica de la resistència noviolenta va multiplicar per deu les possibilitats d'un resultat democràtic en aquests països cinc anys després del final del conflicte. #ADNcat

Perquè funciona la resistència civil

https://cup.columbia.edu/
book/why-civil-resistance
works/9780231156820

Why Civil Resistance Works: the Strategic Logic of NonViolent Conflict, Erica Chenoweth i Maria J. Stephan, estudien aquest impacte, secundari, però no menys important per consolidar el postconflicte armat.

66. En quins actors es basa la defensa civil noviolenta

La defensa civil efectiva es basa en xarxes cíviques autoorganit-
zades i descentralitzades. En aquest sentit, qualsevol suport al
desenvolupament d'estratègies nacionals de defensa civil refor-
çarà al mateix temps la construcció de coalicions, el compromís
cívic i la vida associativa de les comunitats locals i regionals,
inclosa una major solidesa de les institucions de la societat civil.
#ADNcat

67. La comunicació i la informació són decisives també en aquesta defensa

La comunicació i la informació són molt importants per aquest
esforç defensiu. Autoritats a tots els nivells de govern han de
treballar amb la societat civil per garantir que la informació
continuï fluint cap a ells i des d'ells. Les administracions públi-
ques nacional i locals han de tenir un paper crucial en el suport
i l'aplicació de directrius específiques per a les accions noviolen-
tes en cas d'invasió.

Tal com els exèrcits diuen, que "cada soldat és un sensor",
cada persona ha de recollir informació sobre els moviments de

les tropes enemigues, les accions repressives i les atrocitats que cometen, així com de les accions noviolentes en preparació o en curs. Desenes de centres de comunicació local poden acumular, verificar i retransmetre aquesta informació a la ciutadania d'altres llocs del país i més enllà. #ADNcat

68. La defensa civil noviolenta pot no evitar tenir víctimes

Les accions noviolentes poden tenir víctimes. L'assassinat de civils desarmats en accions disciplinades de resistència civil pot crear una indignació moral i política, no només entre les tropes de l'adversari, sinó també entre el seu públic i la comunitat internacional. Pot demostrar clarament quin bàndol és violent i quin bàndol es defensa sense armes, reduint la boira de la guerra i l'eficàcia de la propaganda de l'adversari. #ADNcat

UNA DEFENSA CIVIL NOVIOLENTA GOVERNAMENTAL

Recollim idees clau de la proposta inèdita elaborada per Santi Martí, conseller de NOVACT i membre del Col·lectiu Pau i Treva.

69. La defensa civil noviolenta pot millorar les polítiques de defensa

Com hem vist, la defensa civil noviolenta s'ha teoritzat i els seus elements s'han practicat al llarg de nombrosos conflictes durant l'últim segle. Els estats democràtics i les seves societats no haurien d'ignorar aquest conjunt de coneixements i pràctiques per millorar la seva defensa i seguretat, i si els ignoren estaran sota sospita d'estar dominats pel corruptor complex polític-mediàtic-militar-industrial. #ADNcat

70. Com organitzar una defensa civil noviolenta des d'un govern?

En cas que un govern consideri que sense una defensa civil noviolenta no podrà aconseguir ni mantenir la sobirania a la que aspira el poble, hi ha propostes que poden facilitar la seva implantació com una de les principals estructures de l'Estat. Destacarem elements a tenir en compte sobre objectius i estructura orgànica d'una defensa exclusivament per accions civils noviolentes, complementària al sistema interior de seguretat. #ADNcat

71. Una opció inèdita però una alternativa necessària?

No tenim referències de cap Estat que disposi d'un sistema de defensa basat exclusivament en accions civils noviolentes, amb l'objectiu de fer front a hipotètiques agressions o invasions amb una estructura institucional i administrativa permanent i estable i, evidentment, finançada amb pressupostos públics. Però el fracàs dels sistemes de defensa convencionals ens urgeix a plantejar-ho.

Cal constatar que la teoria elaborada sobre models de defensa per accions civils i, sobretot, la seva implementació pràctica és força limitada. Dissenyar un sistema complert de defensa per accions civils per un Estat, podem qualificar-lo, almenys, d'inèdit; implica un canvi de paradigma en les polítiques de defensa fins ara aplicades des dels estats. Moltes de les concrecions necessàries només podran fer-se transitant per ell. #ADNcat

72. Quan no es disposa d'una defensa militar, millor construir-ne una de civil?

Les experiències conegudes no han estat mai substitutòries de l'opció militar, han estat complementàries del sistema militar habitual. Com hem vist, tan sols han existit algunes experiències parcials que amb el temps han anat diluint-se dins del sistema de defensa militar i quedant fonamentalment dedicades a tasques de protecció i emergència civil. #ADNcat

73. La defensa civil és complementària del sistema de seguretat humana

Malgrat les connexions amb la defensa aquí no entrarem en el disseny dels altres amplis àmbits de protecció de la seguretat humana: assegurar la convivència interior (policia), el control duaner dels límits territorials; la protecció ambiental i custòdia del medi natural i el territori; les emergències, el salvament i la protecció civil; la seguretat alimentària i energètica; la cooperació i solidaritat interculturals. #ADNcat

74. Un sistema de defensa civil noviolenta per a Catalunya, estructura d'Estat clau

Farem una aproximació sobre la construcció d'un sistema de defensa d'iniciativa governamental per accions noviolentes en el context de la construcció de les estructures d'Estat per a una Catalunya independent. No entrarem a justificar o discutir la pertinència o no de dotar el futur Estat català d'un sistema de defensa d'aquest tipus. Només aportem idees de viabilitat per ajudar a prendre la decisió. #ADNcat

75. Objectius oficials i reals de qualsevol sistema de defensa

Qualsevol sistema de defensa nacional té els mateixos objectius "oficials": protegir i assegurar la vida de la població, preservar la continuïtat de les seves estructures d'administració i mantenir el control efectiu sobre el seu territori. Per aconseguir-los cal establir els objectius de la política de defensa: el primer és disposar d'un sistema de dissuasió que eviti una possible agressió, ocupació o invasió.

Però l'aparell polític-militar-industrial europeu amaga sota la política de defensa, almenys cinc funcions: 1 L'oficial, dissuasió (ara de nou, davant l'amenaça russa). 2 L'econòmica-política del negoci i poder de l'armament. 3 La de creació d'una superpotència europea (aliada amb l'OTAN?). 4 La de conservació dels privilegis d'explotació del països del Sud global. 5 La d'estabilització de l'autoritat en política interior. #ADNcat

76. Condicions per a fer efectiva la dissuasió amb la Defensa Civil Noviolenta

En un sistema de defensa per accions civils hi ha dues condicions imprescindibles per fer efectiva i creïble la dissuasió: la cohesió del cos social i territorial a defensar i l'ètica del relat de la relació amb la resta del món. La cohesió s'aconsegueix creant les condicions de pertinença i, per tant, d'identificació nacional; l'ètica, és que el país busca unes relacions mundials equilibrades.

Aquestes condicions precisen l'aprofundiment en els valors i principis democràtics de justícia universal, igualtat davant la llei i d'oportunitats, així com la solidaritat entre els membres de la comunitat. En aquest sentit, l'educació, el sistema de benestar social i el sistema de comunicació social juguen un paper central.

L'ètica del relat de la relació del país amb el món ha d'estar clarament continguda en la constitució de l'Estat: la renuncia a la guerra, a l'amenaça i l'ús de la força armada en la resolució de conflictes internacionals, però alhora la contribució activa en la construcció de la pau al món, també en altres àmbits, com els econòmics i els drets de les persones migrades, que hauran de ser èticament irreprotxables.

Com la dissuasió pot esdevenir insuficient, el sistema de defensa ha de ser capaç, de la manera més eficaç possible, del que pròpiament és defensar-se: identificar i avaluar els potencials perills i amenaces, prevenir-los, protegir-se'n, mirar de suprimir-los i, si arriba el cas, neutralitzar els atacs, dificultar la invasió, fer inviable l'ocupació i posar-los-hi fi. #ADNcat

77. Sobre la incompatibilitat d'estratègies i accions alhora violentes i noviolentes

Cal separar les accions noviolentes de tota acció violenta, que serà titllada de "terrorista". De no ser així, com mostra l'experiència, qualsevol acció violenta pot deslegitimar la resistència noviolenta del conjunt i produir repressió sobre ambdues. Cal dilucidar la posició a prendre en cada cas davant les accions de sabotatge amb "violència" sobre les coses, que afecten òbviament a persones. #ADNcat

78. Sobre el coneixement de les estratègies de defensa noviolentes

Com hem vist, existeix ja una important anàlisi de les pràctiques noviolentes històriques i de les estratègies noviolentes aplicades que han conformat un sòlid cos teòric. Cal, però, constatar la necessitat d'aprofundir molt més en la teoria, sobretot per concretar com aplicar-les sense improvisar i de manera sistemàtica des de les institucions de l'Estat i les organitzacions ciutadanes, en una societat i un món canviants. #ADNcat

79. Sobre els actors favorables i desfavorables

Ja sabem que un sistema de defensa basat en una política novi-
olenta ha de comptar amb el concurs de tot el teixit social: de
les institucions públiques, de les organitzacions civils i de tota
la ciutadania. Nogensmenys cal comptar, per inevitable, amb
l'existència de persones apàtiques, neutrals, adversaries i "col·la-
boracionistes". Cal saber com fer-hi front sense desencadenar
ni justificar arbitràries repressions internes basades en rumors i
venjances. #ADNcat

80. Sobre les eines a emprar i les infraestructures pròpies de la defensa civil

Malgrat la política de defensa noviolenta se sustenta en les ac-
cions civils com a armes principals per fer front a les agressions,
ha de disposar d'eines, tècniques i d'infraestructures de protec-
ció o defensa incruenta, com poden ser tot tipus d'escuts, ama-
galls, refugis, sistemes de vigilància i alarma, sistemes de co-
municació i contrainformació, tractament de dades, transports
alternatius... #ADNcat

81. Sobre la sobirania econòmica

I, per tant, junt a l'adopció de la defensa per accions civils sembla necessari construir un sector de coneixement, industrial i de serveis per assegurar el desenvolupament tecnològic i la capacitat de subministrament autònoms. I, sobretot, haver construït una economia sobirana en tots els sectors clau i estratègics (alimentació, energia, comunicacions, finances...) que evitin dependències i siguin punts febles per a la seva defensa i la seguretat humanes. #ADNcat

82. Organització i estructura

Comandament

El comandament de la defensa ha de tenir una estructura jerarquitzada en ares de la seva màxima eficàcia i eficiència. No obstant això, ha de basar-se en la descentralització i l'autonomia territorial i sectorial, tant en la definició de la política com en la realització d'accions. Cal definir els límits competencials i aplicar les dinàmiques de la sociocràcia que permeten complementar l'efectivitat operativa i la legitimitat participativa. #ADNcat

Cal diferenciar dos àmbits organitzatius: el polític i l'operatiu. El primer analitza, dissenya i decideix les polítiques de defensa i la direcció estratègica de la defensa i l'acció exterior per la pau; el segon les executa. El primer sorgeix de la voluntat democràtica dels ciutadans i està sota el control parlamentari. Territorialment, les administracions de les vegueries, comarques i municipis hi han d'estar incardinades.

El segon és mixt, una part de l'Administració, dotada de tècnics i funcionaris, i una altra part el cos de voluntaris per l'autodefensa noviolenta, amb estructura territorial i sectorial. El comandament del primer correspon al President de Catalunya assistit per un Conseller de la Pau i la Defensa. El comandament del segon correspon al cap d'Estat Major de les Forces de Pau nomenat pel govern amb dependència del conseller. #ADNcat

Organització i estructura: recursos i pressupost

El pressupost inclourà recursos per ambdues estructures. Caldrà avaluar les necessitats en recursos humans i econòmics, però seran molt inferiors a les necessàries d'un sistema de defensa militar. La Conselleria disposarà d'unitats especialitzades entre d'altres, en: estudis, plans i estratègies, formació i entrenament, intel·ligència, cooperació per la pau, sistemes de comunicació i dades, logística, infraestructures i enginyeria. #ADNcat

83. Òrgans de participació col·legiats per a la coordinació sectorial i territorial

En absència de conflicte els òrgans poden tenir aquestes funcions: vigilància i alerta de perills, riscos i amenaces; anàlisi de la seva aportació a la defensa civil; participació en elaborar plans de contingència en el seu àmbit competencial i mantenir-se en disposició d'actuar en els operatius d'acció que se'ls encomanin. Aquests plans establiran les línies de comandament i funcions dels seus membres.

En cas de conflicte, executaran les accions previstes als respectius plans de contingència amb el grau d'autonomia i coordinació contemplats. En l'àmbit sectorial, la implicació de: universitats i centres de coneixement, associacions i onegés, empreses, persones treballadores, pagesia, mitjans de comunicació, centres educatius, centres sanitaris, cossos de policia i protecció civil...

Les diferents unitats administratives territorials –municipi i barri (depenent de la grandària), comarca, vegueria– disposaran d'un cos d'AutoDefensa Noviolenta que integrarà els voluntaris que se n'adscriguin sota el comandament operatiu del seu cap i en coordinació sociocràtica amb els cossos de les altres unitats territorials. #ADNcat

6a part

EXPERIÈNCIES DE DEFENSA CIUTADANES QUE ENS INSPIREN

84. Quins antecedents coneixem d'exèrcits noviolents?

En els darrers cent anys en destaquem tres: 1. **Shanti Sena** "exèrcit de pau" plantejat per Gandhi a l'Índia (els seus mètodes noviolents han estat adoptats com veurem, per Peace Brigades International, Nonviolent Peaceforce, Swaraj Peeth); 2. **Khudai Khidmatgar** (literalment, Servents de Déu), també coneguts per "Camises vermelles" dels paixtus musulmans (ex Afghanistan) i, 3. **Guàrdia indígena del Cauca a Colòmbia** des de fa 23 anys. #ADNcat

85. Shanti Sena / Exèrcit de pau gandhià d'Índia

El Shanti Sena (exèrcit de pau) és com Gandhi nomenà els voluntaris noviolents de manteniment de la pau (1922), durant els disturbis entre hindús i musulmans. Tot i que Gandhi va demanar crear un "exèrcit de pau" per a la defensa nacional el 1942 –un pla que mai es va intentar, ja que els japonesos no van envair l'Índia–, la idea de Shanti Sena va estar vinculada a la lluita per minimitzar la violència comunitària entre la població.

El 1947, amb la independència, Gandhi va plantejar organitzar un Shanti Sena nacional com a resposta als aldarulls que provocaren la mort de mig milió de persones quan deu milions foren expulsades de casa seva amb el trencament de l'Índia amb el Pakistan. Gandhi havia convidat uns centenars de col·legues per organitzar el Shanti Sena el febrer de 1948 però, a finals de gener, Gandhi va ser assassinat. La trobada no es va celebrar.

Vinoba, el successor espiritual de Gandhi, el 1957 va fundar Shanti Sena per fer front als disturbis que posaven en perill el desenvolupament gandhià. Del 1962 al 1978, Narayan Desai fou el director de Shanti Sena, que va arribar a un màxim de 6.000 membres a mitjans de la dècada de 1960; eren persones treballadores regulars del desenvolupament gandhià de les zones rurals, que podien participar en accions quan esclataven disturbis en poblacions properes. #ADNcat

86. Regles de Gandhi per als satyagrahis a seguir en una campanya de resistència

Algunes d'aquestes regles són: viure sense ira; patir la ira de l'oponent; no prendre represàlies pels atacs o càstigs; sotmetre's voluntàriament a la detenció o a la confiscació de la propietat; no maleir ni jurar; no insultar els oponents; no saludar, ni insultar la bandera del teu oponent; si algú intenta insultar o assaltar al teu oponent, defensa'l (emprant la noviolència) amb la teva vida.

Com a presoner, comportar-te de manera correcta i obeir els reglaments penitenciaris (excepte els que siguin contraris al respecte a un mateix); no demanar un tracte de favor especial; no dejunar en un intent de millorar condicions (que no impliquin cap dany a la teva dignitat) de l'empresonament. Obeir amb alegria les ordres de desobediència civil dels líders de la campanya de resistència;

No triïs quines ordres obeir, si trobes que l'acció és immoral, trenca-hi totalment; no facis que la teva participació condicioni els companys si estàs en la campanya o a la presó, no n'esperis suport; no siguis una causa de disputa, no hi prenguis part, ajuda que es demostri qui té raó; en conflicte interreligiós, dona la teva vida per protegir (amb noviolència) els qui estan en perill a una i altra banda; #ADNcat

87. Abdul Ghaffar Khan i els Camises vermelles dels Paixtus

Moviment contra el Raj Britànic a l'Índia colonial liderat per Abdul Ghaffar Khan. Es va acostar a la All-India Muslim Leage i al Congrés Nacional de l'Índia. Va jugar un important paper en el Moviment d'independència de l'Índia oposant-se a la partició entre Índia i Pakistan. Va arribar a tenir 100.000 membres. Inicialment, estava centrat en la reforma social com un mitjà per millorar l'estat dels paixtus a l'Índia Britànica.

Va patir moltes prohibicions i detencions. Khan va reclutar joves, homes i dones, que s'havien graduat a les seves escoles. Eren voluntaris entrenats i uniformats que prestaven un jurament. Van formar escamots amb oficials i van aprendre la disciplina bàsica d'un exèrcit, en aquest cas noviolent. Els voluntaris anaven als pobles i obrien escoles, ajudaven en projectes de treball i mantenien l'ordre en les accions.

Khan va defensar les protestes noviolentes i va justificar les seves accions en el context islàmic. No va trobar que l'islam i la noviolència fossin incompatibles. El moviment era intrínsecament no sectari, amb musulmans així com alguns membres hindús. En més d'una ocasió en què hindús i sikhs van ser atacats a Peshawar, els camises vermelles de Khan van ajudar a protegir les seves vides i propietats. #ADNcat

88. El jurament dels Camises vermelles dels Paixtus

El jurament de pertinença recollia: prometo servir la humanitat en nom de Déu; abstenir-me de la violència i de venjar-me; perdonar els que m'oprimeixen o em tracten amb crueltat; abstenir-me de participar en odis i baralles i crear enemistats; tractar tots els paixtus com a germans i amics; abstenir-me de costums i pràctiques antisocials; viure una vida senzilla, practicar la virtut i abstenir-me del mal.

I el jurament continuava: tenir bon comportament i no portar una vida ociosa; dedicar almenys dues hores diàries al treball social; sacrificar la meva riquesa, vida i comoditat per la llibertat de la meva nació i poble; mai formar part de faccions, d'odi o gelosia amb el meu poble; em posaré al costat dels oprimits contra l'opressor; no seré membre de cap altra organització rival, ni formaré part d'un exèrcit armat.

I seguia: obeiré fidelment totes les ordres legítimes dels meus oficials; viuré d'acord amb els principis de la noviolència; serviré totes les criatures de Déu per igual; el meu objectiu serà la consecució de la llibertat del meu país i de la meva religió; sempre vetllaré per fer el que és correcte i bo; mai no desitjaré cap recompensa pel meu servei; tots els meus esforços seran per agradar a Déu i no per cap lluïment o guany. #ADNcat

89. Guàrdia indígena del Cauca (Colòmbia)

La Guardia Indígena és una xarxa de protecció comunitària formada per dones, homes, nens i nenes que defensen els seus territoris de forma pacífica, protegeixen la seva autonomia i les terres ancestrals. És un cos de seguretat sense armes que des de 1999 patrulla els seus territoris, com una de les formes de resistència a les violències. Posada en marxa per associacions indígenes com el CRIC (Consejo Regional Indígena del Norte del Cauca). #ADNcat

Està al servei dels objectius del CRIC: recuperar i ampliar la terra dels "resguardos", defensar el territori ancestral i els espais de vida; enfortir els "cabildos" indígenes; fer conèixer les lleis sobre indígenes i exigir la seva aplicació; defensar història, llengua i costums; formar professorat indígena; enfortir empreses comunitàries; recuperar, defensar i protegir els espais de vida en harmonia i equilibri amb la Mare Terra.

La Guàrdia Indígena fa treballs de vigilància per detectar la presència de guerrilles, paramilitars, narcotraficants o exèrcit en els seus territoris; disposa d'una xarxa de comunicació per a l'alarma si hi ha indicis de grups armats; patrulla en petits grups de motocicletes. Normalment les persones voluntàries que conformen aquest cos de seguretat han rebut formació i han participat en rituals comunitaris. Està formada per milers de persones.

La Guàrdia Indígena també pot confrontar-se amb els grups armats i l'exèrcit, normalment utilitzant tàctiques d'intimidació per superioritat numèrica i els ha arribat a expulsar diverses

https://www.cric-colombia.
org/portal/estructura-
organizativa/plataforma-
de-lucha/

https://www.ccma.
cat/tv3/alacarta/30-
minuts/morir-pels-
drets/video/6190763/

vegades del seu territori; també alliberar persones segrestades i a infants obligats a enrolar-se en grups armats; i, a desmantellar laboratoris clandestins de cocaïna. Veure recent 30'.

La Guardia Indígena es caracteritza per no portar armes i du com a símbol d'identitat un mocador amb els colors de l'organització indígena (verd i vermell en el cas del CRIC) i un bastó de comandament. Aquest és un pal amb cintes de colors que també pot ser utilitzat per crear barreres de contenció en manifestacions on s'espera confrontació violenta per part de la policia subjectant cada "guardia" el bastó del seu company. #ADNcat

90. Diferents intents de plantejar una defensa civil noviolenta

Ja hem vist diverses iniciatives i experiències que en el segle xx han mostrat la necessitat i la possibilitat d'una defensa civil noviolenta. Inspirats en elles diversos autors han investigat, escrit i formulat propostes en diferents països. Entre ells, Gonzalo Arias. L'any 1977 va fer una recopilació a *Defensa armada o Defensa popular Noviolenta.* Actualitzada en *El antigolpe* (1982) i *El ejército incruento de mañana* (1995). #ADNcat

91. Diferents intents de plantejar una defensa civil noviolenta. Gonzalo Arias

Gonzalo Arias, especialment en *El ejército incruento de mañana,* revisa les diferents teories i experiències. Planteja la seva pròpia proposta d'un exèrcit incruent, amb tres característiques: la voluntarietat (anticonscripció), la renúncia a les armes letals (antiarmamentisme malbaratador, antiecològic i destructor), i, avui en diríem, el feminisme (antimasclisme).

Un exèrcit incruent de persones voluntàries, amb una disciplina basada en la responsabilitat, provinents: del moviment pacifista i noviolent; de militars decebuts que no veuen la seva contribució violenta a la pau; o, d'antics militants de lluita armada que n'han vist els límits. Un violent, deia Gandhi, pot comprendre millor la noviolència que un covard.

La defensa civil noviolenta és la negativa de tot un poble a col·laborar amb el poder de l'ocupant. Cal formació en lluita noviolenta i evolució de les mentalitats: no abandonem les armes de defensa, les canviem amb la de la força noviolenta de la gent! La població aprèn a defensar-se d'una altra manera, amb actituds i accions que porten la iniciativa. La lluita noviolenta porta la imaginació al poder.

La defensa noviolenta es desmarca del pacifisme que considera que els exèrcits i les armes són les causes de la guerra i que suprimint-los seria la condició suficient per a la pau. No n'hi ha prou en dir no a la guerra, cal crear alternatives de seguretat. No n'hi ha prou amb el desarmament, cal anar al transarmament noviolent. #ADNcat

92. El transarmament i l'exèrcit incruent. Gonzalo Arias

El "transarmament" no és un simple rebuig a les armes letals, sinó un procés d'adopció progressiva de les "armes", l'organització i les tàctiques de la defensa civil noviolenta i, per tant, una reducció paral·lela de les armes ofensives cap a les armes defensives fins a la seva substitució. La substitució de les armes letals per altres armes, immaterials però també materials: a) comunicació, b) desobediència cívica i c) testimoni.

a) Comunicació: la força del govern ocupant es fonamenta en la desinformació i engany al seus soldats i població. Cal ser experts en contrainformació, conèixer el país ocupant i la seva llengua, els seus arguments fal·laços, i tenir capacitat per fer arribar per tots els canals possibles missatges clars i veritables sobre la falta de sentit de la seva acció invasora.

b) Desobediència cívica: un poble madur sap dir no a les intencions de l'invasor. Els membres de l'exèrcit incruent han de tenir clares les condicions, límits i possibilitats per al seu ús, potent i responsable, i entrenar-se a practicar-la: deure cívic a desobeir, força de la seva aplicació massiva, dificultats quan hi ha por generalitzada, superació de la por amb aplicació gradual, cautela per evitar frivolitzar el desobeir.

c) Testimoni: els voluntaris d'aquest exèrcit incruent han d'estar disposats a jugar-se la vida, així com ho fan els soldats armats. La diferència és que aquests aposten per matar abans de ser matats, i aquells parlaran i actuaran sense deixar cap dubte que es deixaran matar abans de matar ningú. Ser "màrtir" (vol dir testimoni) és una arma poderosa per conquistar l'adversari i guanyar-se el seu respecte. #ADNcat

93. Les dues idees disruptives de la defensa noviolenta. Gonzalo Arias

Es basa en idees poc habituals: 1. no es tracta tan de defensar el territori com de defensar el funcionament de les institucions. La defensa armada es basa en la defensa de les fronteres, si l'enemic ocupa el territori, ja està tot perdut. En canvi per a la defensa noviolenta el territori no és tant important, la veritable lluita comença quan l'enemic ha entrat: cal evitar deixar en les seves mans el govern del país.

2. La principal arma és la desobediència organitzada. Abans cal contraeducar els servidors i dirigents públics, i la ciutadania perquè tinguin el valor de dir "NO" a qui vol donar ordres amb una pistola a la mà. Poden haver-hi morts, la defensa noviolenta no és un joc d'infants ni te garantia d'èxit –com tampoc ho és la defensa armada– però, en general, correrà menys sang que en qualsevol resistència armada. #ADNcat

94. Quines forces d'intervenció noviolenta coneixem?

Les funcions "oficials" dels exèrcits no són sols de defensa del propi territori sinó també d'intervenció, en el millor dels casos, de manteniment de la pau en conflictes en altres contrades. En aquesta funció, des de la perspectiva noviolenta, ja hem citat, inspirades en el Santi Sena de Gandhi, que s'han posat en marxa vàries iniciatives, com són: Brigades de Pau Internacionals, Forces de pau Nonviolentes i Serveis Civils de Pau. #ADNcat

95. Brigades de Pau Internacionals (PBI)

Brigades de Pau Internacionals és una organització internacional nascuda el 1981. Brinda protecció a persones que s'enfronten a atacs de diversa índole a causa de la seva activitat en la defensa dels drets humans, fent acompanyament internacional: amb la presència física junt a les persones amenaçades, la creació d'una xarxa de suport internacional, la interlocució amb les autoritats i la difusió d'informació. Fins ara han estat a més de dotze països. #ADNcat

Brigades de Pau Internacionals

https://www.pbi-ee.org/sobre-pbi-estado-espa%C3%B1ol

96. Forces de pau noviolentes (NP)

Noviolent Peaceforce, organització nascuda el 2002, té la missió de protegir la població civil en conflictes violents a través d'estratègies desarmades tot construint la pau amb les comunitats locals. NP aposta per una cultura de pau mundial en què els conflictes, dins i entre les comunitats i països, siguin gestionats amb mitjans noviolents. Es guia pels principis de la noviolència, no-partidisme, primacia dels actors locals i acció entre civils. #ADNcat

Forces de pau noviolentes

https://nonviolentpeaceforce.org

97. Serveis Civils de Pau (SCP)

Des de la dècada de 1990, en diversos estats de la UE han sorgit propostes per a la creació de Serveis Civils de Pau (SCP) amb el recolzament de les administracions públiques; amb l'objectiu compartit de millorar la capacitat de la societat civil per intervenir i construir oportunitats de pau en conflictes violents internacionals. El 2012, l'ICIP publicà un informe sobre la viabilitat de l'establiment d'un Servei Civil Català Noviolent per la Pau. #ADNcat

Un Servei Civil Noviolent

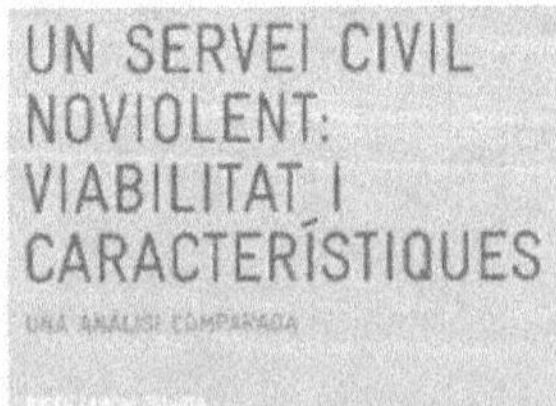

https://www.icip.cat/wp-content/uploads/2020/11/info2010_01_cat.pdf

98. Un conte per eixamplar perspectives: El planeta del foc

En aquest dramàtic moment en què hem pres consciència que la trentena de guerres al món, com la d'Ucraïna, provoquen sofriments atroços i evitables en milions de persones, hem rescatat un conte, *El Planeta del foc*, que convida grans i petits a reflexionar i a actuar. Si els habitants del planeta blau no ens organitzem per aturar les guerres, aquestes ens faran desaparèixer com a espècie. Compta amb versions i guies didàctiques. #ADNcat

El planeta del foc

https://lluitanoviolenta.cat/
el-planeta-del-foc

Manifest: Catalunya per la seguretat humana i la pau

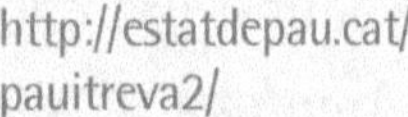

http://estatdepau.cat/
pauitreva2/

http://estatdepau.
cat/pauitreva2/video-
roda-premsa-2/

Seminari Estat de Pau. Construir un estat segur i en pau

http://estatdepau.cat/pauitreva2/
seminari-estat-de-pau-3/

https://www.icip.cat/ca/publication/
construir-un-estat-segur-i-en-pau-
seminari-estat-de-pau/

99. Col·lectiu Pau i Treva. Seminari Estat de Pau

La vigília de la manifestació de l'11S del 2102 convocada per l'ANC, persones del moviment català per la pau –Arcadi Oliveres, Pepe Beúnza, Alfons Banda...– van reforçar la crida a favor d'una actitud pacífica i noviolenta no solament en la manifestació sinó en tot el procés endegat vers la sobirania. D'aquest fet sorgí el **col·lectiu Pau i Treva** que elaborà un manifest presentat el 30 de gener de 2013 i que va rebre més de 4.000 suports.

El col·lectiu Pau i Treva va endegar el seminari Estat de Pau. El conjunt de documents elaborats van ser recollits en el llibre *Construir un Estat segur i en pau. Com enfocar la seguretat i la defensa en un nou Estat d'Europa*, publicat el 2016 per l'ICIP. És el recull més complert sobre les bases d'un sistema de seguretat humana i de defensa civil noviolenta aplicable a Catalunya. #ADNcat

100. El projecte Defensa Civil Noviolenta

No pot ser que davant la guerra només puguem triar entre recolzar la guerra (amb més armes, més soldats, més pressupost) o voler aturar la guerra (amb manifestacions pel desarmament, crides al diàleg, anàlisis sobre les causes de la guerra). En els darrers cent anys hi ha prou experiències, estudis i propostes arreu del món per posar les bases d'un sistema civil de defensa noviolenta com alternativa als sistemes militars de defensa violenta. Som-hi?

Front a una agressió armada, si ens preparem, podem tenir solucions millors que l'espiral de la guerra. Hi ha qui diu: "Si no es volen forces armades, no es pot ser independent i menys amb els veïns que ens han tocat. Ras i curt". I qui contesta: "Si aconseguim la independència sense exèrcit, no veig per què n'hauríem de tenir un per defensar-la". Si no es vol una autodefensa noviolenta, no es podrà tenir independència ni defensar-la. Ras i curt. #ADNcat

Conversa a twitter

https://twitter.com/LluitaNV/
status/1608550480577449985?s=20

UNA HISTÒRIA INCREÏBLE

Aquesta breu narració obre la ment a un imaginari sobre com es produeixen el canvis, les metamorfosis humanes, socials i polítiques.

Una història increïble

Avui ha estat el Dia "D", més aviat en podríem dir, el dia "V", de veritat. Allò que semblava impossible, ha esdevingut realitat. Molta gent d'aquest petit país ha mostrat de nou, com altres vegades en la història, que el superpoder dels humans funciona. Bé, funciona quan es donen certes condicions.

Aquesta gent fa uns anys va començar a creure que:

1. Els petits canvis, fins i tot imperceptibles, s'acumulen i esdevenen grans canvis, metamorfosis. No hi ha data prefixada, s'esdevenen.

2. Els grups humans que comparteixen una mateixa història, un relat de futur engrescador, cooperen millor per afrontar qualsevol repte, per construir-lo.

3. Els lideratges són imprescindibles, però només si són col·lectius, només si tothom és imprescindible, el moviment no es ressenteix quan algun líder cau o l'abandona.

4. Com en els grans moments històrics, cada persona se sent formant part com d'un exèrcit d'alliberament, però en aquest cas, un exèrcit noviolent, per generar nous equilibris sense provocar més desequilibris ni violències.

El dia "V" no ha estat una data acordada prèviament per ningú –com la majoria de dies "D" anteriors–. Ha estat el dia en què tot el procés d'alliberament viscut en molts àmbits clau de la vida, ha esclatat, com una flor esclata en primavera. I, com en la vida d'una flor, aquest dia no és el final de res, ans el començament del nou procés de convertir-se de flor en fruit, i de fruit en llavor, per tornar a començar...

De fet hem viscut molts dies "V". Cada vegada que hem aplicat les quatre condicions, ha estat un dia "V", un dia de veritat.

Tot va començar en el moment més fosc, quan tot semblava perdut. Vivíem sota estats d'emergències en molts àmbits clau de la vida quotidiana; aquesta es feia molt feixuga per a molta gent i, sovint, per motius ben diferents. S'agreujaven els desequilibris endèmics que, per algunes persones comportaven passar gana, patir massa fred o calor, no tenir llar, malviure al carrer, no tenir feina digna ni ingressos per subsistir, estar excloses dels serveis de salut, d'educació, de participació..., mentre que per a d'altres persones aquests desequilibris produïen efectes paradoxalment contraris: malnutrició, obesitat, desgavells en sistema circulatori o immunitari, feines i vides en estrès permanent, inseguretat en barris oblidats o en mansions supervigilades, sobreinformació, acarnissament terapèutic, excés o manca d'influència, desmesura... També molta gent adorava les elits i l'èxit ni que fos per mantenir a tota costa el seu suposat benestar com antídot a la por de caure en el cau de les persones excloses. I les unes, les altres i les del mig vivien sota emergències (que en molts casos no entenien de classes socials): la violència masclista en una societat encara molt patriarcal, la violència creixent de les policies, del sistema judicial i penitenciari; dels exèrcits i de les guerres... i les violències potser no tan perceptibles del canvi climàtic, de la pèrdua de biodiversitat, de la sisena gran extinció..., però també provocades per la concentració de poder de les grans plataformes digitals i mediàtiques, dels bancs i del sistema monetari/financer, de les grans empreses transnacionals, dels aberrants fons d'inversió...

La guerra mundial a Ucraïna accelerà i agreujà tots els desequilibris que, sense ser-ne massa conscients, patíem: constatàrem el que alguns havien predit, que la nostra civilització era superdependent dels combustibles fòssils i patia el canvi climàtic que provocàvem amb el seu malbaratament, amb la indústria alimentària, amb la mobilitat, amb la temperatura de "benestar" de les nostres llars. La guerra activà dues tendències contràries: disparà el consum de combustibles fòssils (com el carbó, per intentar sobreviure a l'escassedat i a l'encariment del gas i del petroli) i alhora activà els estancats plans d'energies renovables... Tot plegat comportà una major pèrdua de confiança en el sistema polític i econòmic que havia creat i mantingut l'engany, la fal·làcia del creixement infinit en un planeta finit.

A cada grup humà li pesava més una emergència que una altra. I, fins aquell moment, cada grup cercava pel seu compte el seu alliberament, el seu reequilibri. I, mentre cada història estava aïllada, cada grup patia els efectes del seu desequilibri, considerant que era el més important.

La guerra, en un primer moment, no ajudà a vertebrar les diferents lluites d'alliberament. Més aviat sota l'impacte de la incredulitat i dels efectes paralitzants de la por, cadascú es tancà encara més en la seva closca. Cada organització, col·lectiu, moviment va dramatitzar la seva causa per cercar suports, però la gent en prou feines tenia força per sobreviure en l'escassedat i la perplexitat davant de tantes i tant greus emergències.

Anys enrere el moviment dels indignats havia omplert les places amb acampades de joves que mostraven el rebuig de les noves generacions a les fal·làcies de la democràcia i l'economia especulatives. L'experiència, més enllà dels controvertits impactes electorals, va mostrar la potència de cooperar en l'organització de la protesta i en generar noves formes de reunir-se i decidir.

També, anys enrere, el moviment per la independència havia canalitzat en organitzacions nacionals i locals la capacitat de mobilització massiva i de realitzar grans accions puntuals, especialment de denúncia i alguna de desobediència civil, com la del reprimit referèndum de l'1-O.

En els dos casos, el model de mobilització i d'organització havia mostrar grans fortaleses, però també algunes debilitats. Els dos models estaven emmarcats en el tradicional i mític model "revolucionari" que els llibres i les pel·lícules havien divulgant i enaltit com a "únics" models de canvi, normalment exitosos gràcies a l'ús de la violència revolucionària.

El dia "D" de la Revolució "R" fracassa si no s'aconsegueix l'objectiu somniat:

- Si després d'ocupar places durant unes setmanes no es produeix un canvi de règim, d'estructures polítiques i econòmiques...
- Si després d'un acte massiu i distribuït de votació que rep una forta repressió, no s'aconsegueix la independència...

I, així, ens adonàrem que el que havia fracassat no eren ni les accions ni els moviments sinó l'haver creat un model fantasiós, una expectativa de què volia dir revolució.

Un dels intents de repensar la teoria del canvi predominant –si fas la revolució tot canviarà en un dia– fou el manifest "Re-evolució noviolenta global o extermini total" (vegeu el missatge 46).

El canvi de model, de la teoria del canvi a aplicar, vingué propiciat per diversos fets aparentment fortuïts i inconnexes:

a. La reflexió sobre els 50 anys del primer servei civil alternatiu dels objectors al servei militar a Can Serra (1975-2025) i de l'estratègia noviolenta seguida per acabar amb la mili.

b. La insuficiència de les grans mobilitzacions en l'espai públic per aconseguir els objectius de qualsevol moviment en un marc de democràcia formal (Indignats 15M; Moviment per la independència...).

c. Les aportacions de la trobada de joves "Sobretaula",[1] l'estiu de 2022, centrades en que la confiança és la base de la cooperació.

d. Els reptes dels germans Engler *(Manual de desobediència civil)*[2] sobre la necessitat de crear noves teories del canvi a partir de les existents, habitualment contraposades. Aconseguim el canvi desitjat quan: 1 Cultivem la transformació personal. 2 Llancem protestes massives. 3 Ens dotem d'una potent i influent organització. 4 Creem alternatives al sistema que critiquem. 5 Incidim des de les institucions públiques.

e. La lectura d'*Imparables*[3] (Yuval Harari) i la seva visió de que els Homo Sapiens hem dominat la terra –i extingit

---

[1] https://encuentrosobremesa.org/#catala

[2] https://lluitanoviolenta.cat/recurs/manual-de-desobediencia-civil

[3] https://www.grup62.cat/llibre-imparables/354693

la majoria de les espècies– gràcies a la capacitat de crear històries o mites que ens ajuden a cooperar per afrontar reptes increïbles.

Desglossem ara la influència d'aquests diferents fets que permeteren generar una altra teoria del canvi que ajudà a cooperar per fer fronts als estats d'emergència:

a. **La força del moviment d'objectors a la mili** es va basar en la negació pública de fer el servei militar obligatori i en assumir-ne lliurement la presó corresponent. Però, també, durant uns anys, en la creació per part dels objectors de serveis civils alternatius al servei de les necessitats de barris concrets. Grups locals que mostraven arrelament o vincle al territori per fer front a les agressions i desequilibris que l'afectaven. "Acció global, acció local"·

b. **Hereus de les lluites de masses** antifranquistes, la reivindicació de qualsevol dret patia la inèrcia de convocar manifestacions, concentracions i vagues, durant unes hores o dies. En un règim on els drets de manifestació, de reunió i de vaga (no la vaga general) estaven reconeguts, aquestes accions es mostraven insuficients per modificar la correlació de forces fonamentades en interessos econòmics i polítics de les elits o en sistemes constitucionals quasi immutables quan es tocaven aquests interessos.

S'adonaren que aquest tipus de mobilitzacions de carrer, integrades en les democràcies formals, no somovien cap pilar de poder i, per tant, eren cada vegada menys efectives per aconseguir els canvis que es plantejaven. Fins el punt que només si hi havia aldarulls, on intervingués la policia per reprimir-los –o per suscitar-los i així tenir justificació per reprimir-los–, aquests fets passaven a ser notícia. Però, tot i així, no sempre tenien els efectes esperats pels organitzadors; a vegades els efectes els hi eren contraris, quan una part de la societat s'hi posava en contra perquè veia amenaçat l'ordre públic.

c. **La trobada "Sobretaula"** d'una setmana de 500 joves de més de 100 col·lectius mostrà que hi havia una nova saba tant en els objectius com en els mètodes de transformació social:

- Només el canvi individual de valors, de comportaments no sempre provoca a temps el canvi general, sobretot, si s'ha de fer per afrontar una emergència.
- Per motivar a prendre part en una acció col·lectiva cal destriar quines són les arrels comunes a les diferents emergències, cal compartir un relat sobre les causes i sobre on volem anar per poder cercar-hi solucions.
- Sovint els esdeveniments –més o menys manipulats pels qui els trien i conten– ens fan reaccionar, però per comprendre'ls cal situar-los en el context i en les

tendències al llarg del temps i, descobrir les estructures
que els provoquen o que els sostenen.

- Descobrir el paradigma que li dona sentit ens ajudarà a enfocar millor què fer i com fer-ho. "La confiança porta a la cooperació. La por a la destrucció mútua."
- Quan un grup humà teixeix una narració que el motiva i cohesiona, explicita els seus valors i pràctiques, crea el seu llenguatge i els seus signes i símbols que faciliten la comunicació interna i externa.

d. S'adonaren que calia la **integració i complementarietat de les diferents teories del canvi,** massa sovint contraposades entre els diferents agents d'un moviment, fins a generar-ne una de nova en cada context i amb les persones i organitzacions implicades: si no participo en el canvi de mentalitat, de valors i pràctiques no puc aportar gran cosa a l'organització o entitat que vol aquests canvis, sigui amb accions més o menys arriscades, sigui per participar en espais on començar a viure el canvi desitjat. Amb aquesta força podem pressionar des de fora o des de dins els canvis institucionals necessaris perquè el canvi desitjat prengui l'amplitud pròpia d'un marc legal que el validi.

e. **Per què uns relats quallen i s'estenen i d'altres no?**
Per la força explicativa de la complexitat? Per la imposició més o menys coercitiva? Per què ens criden a transcendir

la nostra petitesa individual o la nostra futilitat temporal? Per què ens fan partícips d'una gran aventura, d'un repte increïble, d'un moment històric?

Aquesta història increïble que ens va portar al dia "V", va començar discretament quan un petit grup de veïns i veïnes, un dia van aturar el ritme de vida que portaven i es van preguntar:

- Què podem fer per afrontar les emergències que estem patint?

  Q Un digué: –Res. Tot és massa gran, perquè puguem fer-hi res.
  –No siguis derrotista! Si fos així, perquè no et mates!

  Q Un altre digué: –Votar. Si votem amb consciència, les nostres representants arreglaran les coses.
  –Au va –digueren els altres–, la corrupció ho atura tot..., i els partits ja no valen, no ens representen.

  Q I una tercera, exclamà: –El que cal és participar en una entitat que treballi per aturar alguna agressió.
  –Noia, no tinc temps, amb prou feines treballant tot el dia arribo a finals de mes.

  Q I una altre murmurà: –No ens queda més remei que pregar, els humans som egoistes i cap d'ells no ens salvarà.

−Doncs ja pots esperar, ho tens magre si esperes un miracle.

Q −Deixeu-vos de ximpleries, el que cal és començar a viure el món que volem, canviar d'hàbits, de botigues, deixar de mantenir amb els nostres diners aquest món emmalaltit...
−Uf, massa feina i problemes, no vull perdre el benestar de què gaudeixo...

- Després d'esbravar-se, una vegada més de tantes altres, es feu un silenci, llarg i profund. La situació era molt greu per afrontar-la amb una tertúlia més. Quin món estaven deixant a fills i filles, nets i netes...? El món era molt gran. El país també. Però la comarca, el poble, el barri, el carrer, les cases... eren a prop; si ells no en tenien cura qui en tindria?

- I es tornaren a preguntar, què podem fer per afrontar les emergències que estem patint?, aquí, en el nostre entorn, quins desequilibris patim o provoquem, quines agressions rebem o exercim? I començaren a fer llista:

  - La gent sense feina, sense llar, que malviu, que okupa espais per tenir un refugi...
  - La fàbrica que malpaga les persones treballadores i contamina la riera i l'aire.

- Les granges que maltracten els animals i que embruten les aigües dels pous i fonts.
- La caserna de la guàrdia civil que continua essent un bastió retrògrad i altiu.
- El masclisme que continua amenaçant les dones i fins i tot agredint-ne algunes.
- I, d'altres agressions més generals com el canvi climàtic, la banca o la guerra...

• I ara diguem per a cadascú quina agressió és la més greu, quina la més urgent i quina la més fàcil d'aturar? I així, anaren compartint, destriant, prioritzant... Algunes les coneixien prou bé, i les que no, es donaren uns dies per saber-ne més coses.

• Acordaren començar per fer una campanya sobre l'agressió més fàcil d'aturar. Si ho aconseguien, tindrien més força per entomar-ne una altra.

• I com organitzar la campanya? Un parell digueren que havien fet un curs o havien llegit sobre les **eines de la lluita noviolenta**... (vegeu el missatge 50).

• "I com ens organitzem entre nosaltres? Com evitar repetir els vicis habituals de les organitzacions?" També en això s'inspiraren en nous models, com en el de la **sociocràcia** (vegeu el missatge 54).

- "I, arribat el cas, com ens coordinarem amb altres agrupacions de manera que puguem ser més i més forts sense crear els problemes de les grans organitzacions?" "Ei, para el carro. Quan sigui el cas ja en parlarem."

I així fou com una petita agrupació, amb un objectiu clar i assolible, aconseguí aturar una agressió local i prengueren empenta per aturar altres agressions locals o per coordinar-se amb altres agrupacions d'altres indrets propers... (i en això, s'inspiraren també en el model de la sociocràcia).

S'adonaren que petits canvis, quasi imperceptibles podien provocar grans canvis... metamorfosis inimaginables.

I que petites agrupacions ben organitzades i coordinades poden tenir molta força, sense haver de precisar líders carismàtics... que si queien, posaven en perills tota l'organització.

S'adonaren que estaven escrivint una història que podia ser entesa i replicada arreu.

I que, de fet, començaven a sentir-se formant part com d'un exèrcit noviolent d'alliberament davant un sistema que agredia les persones i llurs territoris i que, arribat el moment de la repressió o d'una ocupació, estarien prou preparats per enfrontar-s'hi amb una **autodefensa civil, ciutadana, noviolenta** eficaç.

El dia "V", el dia de "D" de veritat, ho era perquè les diferents condicions hi havien portat, perquè esforçats en els mitjans coherents havien assolit l'objectiu. Per això era el dia "V" de veritat, perquè els havia fet comprendre que els dies "D" fins aleshores sovint havien estat fabulacions o mentides pietoses, que havien generat grans frustracions en fer creure a la gent que la revolució havia triomfat aquell dia i que perquè s'havia "girat la truita", tot seria diferent, alliberats dels botxins, de la por i de tot constrenyiment...

Anònima del segle XXI

Annex
Les vies de transformació complementàries

A. Som conscients de les diferents vies de transformació?

Usualment, en qualsevol conversa sobre com enfocar la solució d'un problema social, polític, econòmic, ambiental... podem identificar diverses vies de transformació, o del que en diuen, diverses "teories del canvi" que normalment contraposem: el que cal fer és sortir al carrer..., o només si eduquem..., o si un no canvia res pot canviar... #ADNcat

B. Com fer complementàries les diferents vies de transformació?

Aquestes vies, segons Paul Engler, podem dir que són: el canvi personal, l'educació, la mobilització, l'organització, la política institucional i la creació d'alternatives. Si les fem conscients, podem fer-les complementàries. Apliquem-les ara a "com aturar les guerres" amb exemples concrets de casa nostra. #ADNcat

C. El canvi personal

La introspecció ens ajuda a prendre consciència dels impulsos, emocions, sentiments, pensaments que provoquen comportaments més o menys violents, covards, passius, compromesos, pacificadors.... Cultivar les actituds noviolentes permetrà afrontar els conflictes sense incrementar l'espiral violenta i l'odi en les relacions de tot ordre. Amb actituds violentes o masclistes poc podem aportar a la construcció de pau o al feminisme.

La prova de foc del canvi de visió o d'actituds és el canvi en les nostres pràctiques socials: canvi en el consum, el treball, l'estalvi, la inversió, l'alimentació, la mobilitat, l'energia...; en el vot, el compromís social i polític, en el pagament d'impostos... Tots aquests canvis conscients poden afavorir la cultura de guerra o la cultura de pau, poden reduir agressions i violències culturals, estructurals... o poden augmentar-les. #ADNcat

D. L'educació

L'educació pot ser la paraula màgica que alguns creuen que arreglarà en les generacions futures allò que nosaltres no sabem arreglar. Cal adonar-se que aprenem més per imitació i emulació que per discursos, sobretot quan aquests no són coherents amb el comportament del qui els predica.

L'educació per la pau abasta una àmplia gamma de visions, formacions, entrenaments... per a totes les edats, amb l'objectiu de reduir les relacions violentes, transformar els conflictes i combatre les guerres i les seves causes. Entre els referents: Edualter, Unipau i Pau, Escola Cultura de Pau, **Servei Civil Internacional, Fundació Carta de la pau dirigida a l'ONU,** Lluita noviolenta, l'Escola de formació Guillem Agulló. #ADNcat

https://edualter.org/ca
https://www.unipau.org/
https://www.justiciaipau.org/
https://escolapau.uab.cat/ca/inicio/

https://www.scicat.org/
https://cartadelapau.org/pau-possible/
https://www.lluitanoviolenta.cat/
https://escolaguillemagullo.cat/

E. La mobilització

En diferents moments s'han generat grans moviments socials contra les guerres i a favor de la pau. D'entre els més rellevants en els darrers anys a Catalunya han estat www.aturemlaguerra.org i

Casa nostra casa vostra. Però també podem considerar-ne d'altres
que denuncien les violències masclistes, pels sense llar, per l'habi-
tatge i la feina digna, el dret a decidir... #ADNcat

https://www.aturemlaguerra.org/   https://casanostracasavostra.com/

F. L'organització

Una cosa són les campanyes o les mobilitzacions puntuals, i l'altra
són les organitzacions que busquen la transformació des d'estruc-
tures ben dotades, amb suport permanent, arrelades arreu, amb
projecció internacional... En general aquestes s'apleguen a www.
lafede.cat i, en especial, dins l'eix de pau noviolència. Algunes d'elles
orientades a denunciar diferents elements dels conflictes bèl·lics o
de l'armament: Centre Delàs, **Fundipau,** Novact . #ADNcat

www.lafede.cat   www.fundipau.org
www.centredelas.org   www.novact.org

G. La política institucional

Allò que surt de la ciutadania, dels moviments socials, a ve-
gades te ressò institucional, sigui perquè alguns partits incor-
poren valors i demandes als seus programes, sigui perquè els

parlaments o governs creen polítiques adreçades en aquest cas a la pau i els conflictes. La Llei de foment de la pau, el Consell català de foment de la pau, i, més operatiu, l'Institut Català Internacional per la Pau, **en són exemples.** #ADNcat

http://sac.gencat.cat/sacgencat/AppJava/organisme_fitxa.jsp?codi=13572
https://www.icip.cat/ca/

H. La creació d'alternatives

En aquest cas, el projecte sistema civil de defensa noviolenta vol contribuir a posar les bases d'un **sistema civil de defensa noviolenta** com alternativa als habituals sistemes militars de defensa violenta. Si obté l'aportació i la implicació ciutadana necessàries, vol plantejar com podria ser aquest Sistema Civil de Defensa Noviolenta a Catalunya, tant en la fase actual, com en el cas d'esdevenir un estat independent. #ADNcat

https://lluitanoviolenta.cat/projecte-defensa-noviolenta